U0933028

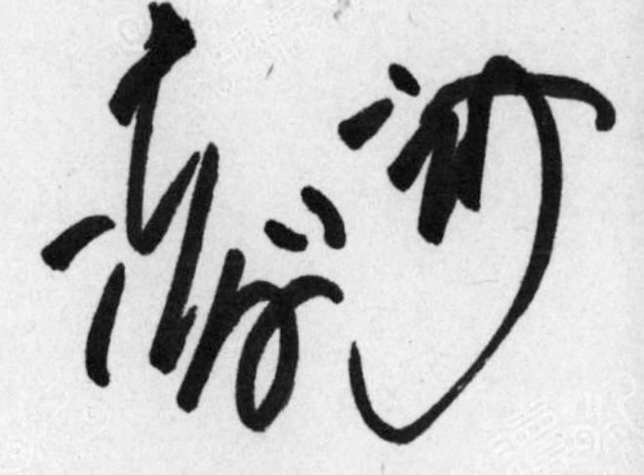

爱你是心底开出的花

——徐志摩传

凌小汐◎著

徐志摩诞辰120周年纪念版，

中央人民广播电台推荐！

江苏凤凰文艺出版社
JIANGSU PHOENIX LITERATURE AND ART PUBLISHING, LTD

爱你，是心底开出的花

众生百态，爱亦如此。放眼世间，有人以爱为蜜，有人以爱为光，有人以爱为阶石，也有人以爱为枷锁。而徐志摩从未入宗教，却始终以爱为信仰。

一切的因果便结缘于此。岁月山川，苍茫人海，他用尽所有的力气追爱逐爱，不惜被爱所伤，为爱所苦。他遍尝情途中的喜乐悲欣、贪嗔痴疑，最后终于化为天空里的一片云，如归返灵台，身心皆放下。从此，清风明月，物我两忘，又任凭世人把一个绚烂又哀伤的故事谱成传奇，在无数个花开花落的季节里，对号入座，触动心怀。

他美如冠玉，聪慧异常，生于江南古镇，本为人间富贵花。但身逢乱世，时局风云变幻，他再不愿做载酒买花的少年，而是心怀凌云抱负，希望学以致用，在国难方兴之时，沧海横流之际，力挽中国精神之狂澜。

他拜梁启超为师，赴欧美留学，却又摒弃“资本救国”的初衷，迷恋上“文化救国”的理想。自此之后，世间便少了一位政治家和金融家，多了一位文学家和诗人。

康桥成了他的精神故乡，唤醒了他的诗心，洗涤了他的灵魂。而见到林徽因后，他才惊觉，自己虽有一份旧式婚姻，却从未得遇过爱情。

情不知所起，一往而深，异国他乡，少女的思绪是一座寂寞的城。他用诗意与柔情叩开了她的心门，陪伴她走过人间的四月芳菲。奈何，这世间最深情的人，往往也是最绝情的人，他可以对一个人锲而不舍，一诺金石，便可以对另一个人弃如敝屣，郎心如铁。

于是，他笑解烦恼结，与发妻张幼仪离了婚，如愿做了中国离婚的第一人，又甘愿“冒天下之大不韪”放言：“我将在茫茫人海中寻觅灵魂之伴侣，得之我幸，不得，我命。”然而他倾其所有追求新式的爱与自由，命运却让他的爱情与生命一样多舛多难。

君不见，自始至终，林徽因都是清醒的女子，她深知寄托情感与交付终身的区别。悄然回国后，她选择成为梁思成的未婚妻，以保全干净的姿态和精致的人生，便也注定成为徐志摩的朱砂痣，哪怕他依然在康桥守候，日日夜夜，春信不至，夜莺不来，无人懂他心头的悲凉，除却他们曾一起泛舟的波光月影，尚在将一支美丽又忧伤的离歌，流转相照，欲说还休。

为寻所爱，他带着一身的诗情和落寞，回国创办新月社，开始在文学界大展抱负。只是，林徽因与梁思成已双双赴美，他心头最后一丝希望也被浇灭。然而斩情丝者偏被情丝绕，一段康桥绝恋就此收梢，另一段盛世情缘又即将开启。

她是陆小曼，是名门闺秀，也是胡适所言的“京城一道不可不看的风景”。她才貌双全，惊为天人，亦洒脱不羁，坦诚炽烈。她虽已嫁为人妇，爱情却未开鸿蒙。因此，遇见徐志摩后，她敢于以有夫之妇的身份，与他相知相恋，又甘于顶着漫天的流言冲破藩篱，与他心手相牵。

为了迎娶陆小曼，徐志摩再次背负骂名，继而与家人决裂。但有情饮水饱，只要她在身边，便是看山俊秀，看水倾城。他在诗中写下：“我再不想成仙，蓬莱不是我的分；我只要这地面，情缘安分的做人。”“案上插了一枝花便不寂寞，最宜人是月移花影上窗纱。”他一心想做个寻常人，不慕荣华，不念富贵，只愿与她白首偕老，却不知，寻常人的夙愿，通常都经不起岁月的风霜、世事的变迁。

战火来袭后，他们被迫迁往上海。然而，十里洋场，纸醉金迷，他每天夜以继日地工作，也不能维持小曼挥金如土的开销，以至于夫妻常年南北相隔，他不断透支身体与情感，来为生活劳苦奔波，以至于他为了省下一张机票钱，去搭乘一架本不宜载客的邮政飞机。

直至飞机失事，爱人永诀，她才觉醒，从此拖着一身的愁病，浮华洗尽，素衣半生，潜心书画，终有所成。世间自是有情痴，此恨不关风与月，只是让人欷歔，如此代价，未免太过沉痛。

爱你，是心底开出的花，爱你，也是时间自酿的果。福焉祸焉，幸焉命焉?

梁实秋曾用文字为徐志摩画像：“他饮酒，酒量不洪适可而止；他豁拳，出手敏捷而不咄咄逼人；他偶尔打麻将，出牌不假思索，挥洒自如，谈笑自若；他喜欢戏谑，从不出口伤人；他饮宴应酬，从不冷落任谁一个。”

的确，放眼志摩的一生，他追求爱，向往自由，耽于美好的事物，仿佛一切的赤子情怀和百转柔肠都能在文字里找到线索。然而，他浪漫又凄美的人生，却比文字更引人入胜。

他有点石成金的才华，有温润如玉的修养，他可以卷起铺盖与友人一起坐牢，也可以站在花树下作一通宵的诗。他活得洒脱赤诚，只求对得起自己的心，也活得孤苦坎坷，只为寻一位灵魂相契的知己爱人。他爱过两个女子，辜负过一个女子，也让世间无数的女子为他牵动情愫。他曾无限荣光，也曾失意落寞。他痴情，深情，又薄情。所以，有多少人憎他，就有多少人爱他。

凌小汐

2017年4月于北京

目录

C O N T E N T S

C O N T E N T S

C O N T E N T S

第一章 海棠旧事

古镇

和蔼的春光，
充满了鸳鸯的池塘；
快辞别寂寞的梦乡，
来和我摸一会鱼儿，折一枝海棠。

——《醒！醒！》

浙江。海宁。硖石。生养之地，是上天的第一次赐福。春风沉醉的江南水乡，有人花下煎茶，有人柳下访陌，欸乃之声清越入耳，软糯的吴语转瞬就化在了空气中。

二十四桥明月夜，玉人何处教吹箫，是多少痴情人的梦。

然而人间世事，终究是新来流水不知处，旧岁时光长青苔。如若年华可以成为信笺，不如就盖上碧绿色的邮戳，折一枝海棠，温一壶月光，朝着生年深处投递，淡看前尘往事，惊鸿照影来。

硖石小镇历史悠久，古时曾是四县县城，自唐永徽六年县治南迁后，因东、西两山隔村而对，夹水迤逦，更名为“硖石”。硖河于镇中贯穿而过，又支流横生，便就有了棋子一般撒落的枕河人家，绿石小桥，长廊蔽日。开门可见河，倚窗可听船，自有一番迷人风韵。

硖石保宁坊有一座四进深的老宅，住着的是富商徐申如一家。宅内良木静婉，藤花绕墙，偶有虫鸣鸟语停驻檐角墙根，环境灵秀古幽。徐家在明正德年间就开始经商，到徐申如这一代，已有多处产业，家境颇为殷实。

1897年1月15日，徐申如的夫人在北厢楼中产得一子。循族谱，取名章垿，字槱森，因与徐申如同一生肖，又名幼申，寓意父子传承。

小幼申周岁之时，按照江南风俗，家中需要为他庆贺“晬盘之喜”。那一天，他的雕花小床前设有大案，摆满了各类物件：印章、经书、笔、墨、纸、砚、算盘、钱币、账册、首饰、花朵、胭脂、吃食、玩具……由他随意抓取，以此来预测一个孩子的前途和性情。

徐申如注视着眼前的小小麟儿，目光中带着期许和慈爱。不想，小幼申还未来得及触碰任何一件物品，就被一位莽撞的僧人打断。僧人法号志恢，自称能摸骨算命，预知乾坤。他伸出枯瘦的手掌在幼申的头上来回抚摩，目光炯然，喃喃而语。半晌，仅留下一句“此子日后必成大器”，即飘然而去。

如此一番，申如先生决定给孩子重新取名——志摩，他更加相信这个孩子日后必有大作为，一如新名字里寄予的殷切厚望。

尽管很多时候，我们都不懂得从单薄的两个字里推算命运的流转变迁，但凡间事终是冥冥之中即有注定。名字可以是一生的佑护，也可以是一生的宿命。徐申如希望孩子有天能为徐家光耀门楣、兴旺家业，可是多年以后，徐志摩新月诗人的名气，以及感情上的叛逆锋芒，不但偏离了他最初的设想，甚至还深深地伤害了他。

一

早上——太阳在山坡上笑，
太阳在山坡上叫：——
看羊的，你来吧，
这里有粉嫩的草，鲜甜的料，
好把你的老山羊，小山羊，喂个滚饱；
小孩们你们也来吧，
这里有大树，有石洞，有蚱蜢，有小鸟，
快来捉一会盲藏，豁一阵虎跳。

二

中上——太阳在山腰里笑，
太阳在山坳里叫：——
游山的你们来吧，
这里来望望天，望望田，消消遣，
忘记你的心事，丢掉你的烦恼；
叫花子们你们也来吧，
这里来偎火热的太阳，胜如一件棉袄，

还有香客的布施，岂不是妙，岂不是好。

三

晚上——太阳已经躲好，

太阳已经去了：——

野鬼们你们来吧，

黑巍巍的星光，照着冷清清的庙，

树林里有只猫头鹰，半天里有只九头鸟；

来吧，来吧，一齐来吧，

撞开你的顶头板，唱起你的追魂调，

那边来了个和尚，快去耍他一个灵魂出窍！

——《东山小曲》

花牛在草地里做梦，太阳偷渡了西山的青峰。童年是一首小诗，粉嫩、鲜美、欢快，写在日光照耀的山坡上，也写在山羊奔跑的青草里，自然界的小生灵也会为他来唱和。大树、石洞、蚱蜢、小鸟、迷藏、虎跳、星光、猫头鹰、九头鸟……奏响属于他的东山小曲。凉风起来了，吹动他手里的纸风筝。风筝带着他的欢笑，飞过小桥古巷，剪水舟楫，带来十里荷塘的清凉……那是属于童年的乡村音籁，沿着记忆的青山绿水，缓缓汇入性灵的源头。

1907年的开智学堂，是废除科举制度后镇里开办的第一所学堂，与西寺相邻。那里古树森森，香火绕山，还有石洞幽幻奇绝。暮鼓晨钟悠悠飘扬在缥碧的天穹下，遥遥鼓荡耳膜。伫立山巅俯瞰小镇，正是万室涌鱼鳞。徐志摩天生聪慧、心思明朗，师从张树森先生，古文功底深厚，每年考试都是第一。从《论哥舒翰潼关之败》中便可见一斑：

“夫禄山甫叛，而河北二十四郡，望风瓦解，其势不可谓不盛，其锋不可谓不锐。乘胜渡河，鼓行而西，岂有以壮健勇猛之师，骤变而为羸弱顽疲之卒哉？其匿精锐以示弱，是冒顿饵汉高之奸谋也。若以为可败而轻之，适足以中其计耳，其不丧师辱国者鲜矣！”

1910年春，徐志摩离开家乡进入杭州府一中学习。以每次期终考试年级第一的优势担任年级长。徐志摩入学不久，郁达夫便从嘉兴转学而来。多年后，郁达夫写到那段中学时光，不禁感慨万千。他说自己刚转学过来时像只缩在壳中的蜗牛，而徐志摩热情机灵，戴金边眼镜，穿青布长衫，性格开朗俏皮，眼神柔和真诚，眉宇间则焕发着一股子少年公子的翩翩神采，两人很快就成为好友，他们一起淘气，一起吸引同学们的注意。他如是回忆对徐志摩的最初印象：

“而尤其使我惊异的，是那个头大尾巴小、戴着金边近视眼镜的顽皮小孩，平时那样的不用功，那样的爱看小说——他平时拿在手里的总是一卷有光纸上印着石印细字的小本子——而考起来或作起文来却总是分数得的最多的一个。”

1911年秋，辛亥革命爆发，学校被迫停课，学生只能休学各自回家。虽然革命的浪潮很快平息，但那浪潮带来的冲击却深深地停留在了少年时期的徐志摩心里。复学后，受新思潮的影响，他开始关心国事、科学，并在文学方面呈现出强烈的兴趣与惊人的天赋。

恰同学少年，风华正茂，书生意气，挥斥方遒。1913年，徐志摩在校刊《友声》上发表了人生中的第一篇论文，名曰《论小说与社会之关系》，向他崇拜的梁启超先生致敬。从标题到内容，他的文章都对应了梁启超的那篇《论小说与群治之关系》，这也为他日后的拜师埋下了伏笔。

“若科学、社会、警世、探险、航海、滑稽等诸小说，概有裨益于社会，请备言之，科学小说，发明新奇，足长科学知识；社会小说，则切举社会之陋习积弊，陈其利害，或破除迷信、解释真理、强人民之自治性质、兴社会之改革观念，厥功最伟；警世小说，历述人心之险恶，世事之崎岖，触目刿心，足长涉世经验；探险航海小说，或乘长风，破万里浪，或辟草莱，登最高峰，或探两极，或觅新地，志气坚忍，百折不回，足以养成人民之壮志毅力；至于滑稽小说，虽属小品文字，而藉诙谐以讽世，昔日之方朔髡奴，亦足以怡情适性，解愁破闷。凡诸所述，皆有益小说也，其裨益社会殊非浅鲜，有志改良社会者，宜竭力提倡之。”

在文中，他倡导知识分子们，以文字改良民风，继而裨益于社会。洋洋洒洒千余字，伶俐激扬，文采飞扬，字里行间，见性情，也见冷思，又犹如一首绵长的警世诗，笔锋若刀，绝美而凌厉。

只是重新开课后，徐志摩的好朋友郁达夫已经离开了诗意的南国，随着兄长去了遥远的日本，这件事，让心思细腻的他，失落了好一段时日。日月星辰，青山云水，鸿雁的羽毛落在岁月里，弥漫上层层的光影尘埃。而一段相处半年的情谊，足以令人一生怀想。

鸳谱

我独坐在半山的石上，
看前峰的白云蒸腾，
一只不知名的小雀，
嘲讽着我迷惘的神魂。

白云一饼饼的飞升，
化入了辽远的无垠；
但在我逼仄的心头，啊，
却凝敛着惨雾与愁云！

皎洁的晨光已经透露，
洗净了青屿似的前峰；
像墓墟间的磷光惨淡，
一星的微焰在我的胸中。

但这惨淡的弱火一星，
照射着残骸与余烬，
虽则是往迹的嘲讽，
却绵绵的长随时间进行！

——《一星弱火》

“两姓联姻，一堂缔约，良缘永结，匹配同称。看此日桃花灼灼，宜室宜家；卜他年瓜瓞绵绵，尔昌尔炽。谨以白头之约，书向鸿笺，好将红叶之盟，载明鸳谱。此证。”

民国时期的婚书真是美好。然而盟约写得再动人，若离开了爱情的温度，也会不敌现实的冷清。

1915年夏，徐志摩从杭州一中毕业，后又以优异的成绩考入北大预科。是年秋，正在北京求学的他，被硖石老家的加急电报匆匆召回，随之，新生入学的兴奋与欣喜，也被眼前的茫然与怅惘所代替。

所谓成家立业，自古以来，成家就是立业的先决条件。而这次徐志摩回老家，正是为了完成父亲交予的“大任”——结婚。父母之命，媒妁之言，这一段姻缘是家里人为他选择的，他不能违逆，又不甘接受，便只能自苦，觉得内心逼仄，命运是一场讽刺。

开辟鸿蒙，谁为情种，只为这风月情浓。是时的徐志摩已经将近弱冠之年，但他却从不曾恋爱过。

恋爱到底是怎么一回事？他也曾在诗中发问。他把自己比作一个懵懂的孩子，不谙世事，不知忧愁，然而突然有一天，一座城围从天而降，困住了他，让他手足无措，进退两难。

恋爱他到底是什么一回事？——
他来的时候我还不曾出世；

太阳为我照上了二十几个年头，
我只是个孩子，认不识半点愁；
忽然有一天——我又爱又恨那一天——
我心坎里痒齐齐的有些不连牵，
那是我这辈子第一次的上当，
有人说是受伤——你摸摸我的胸膛——
他来的时候我还不曾出世，
恋爱他到底是什么一回事？

这来我变了，一只没笼头的马，
跑遍了荒凉的人生的旷野；
又像那古时间献璞玉的楚人，
手指着心窝，说这里面有真有真，
你不信时一刀拉破我的心头肉，
看那血淋淋的一掬是玉不是玉；
血！那无情的宰割，我的灵魂！
是谁逼迫我发最后的疑问？
疑问！这回我自己幸喜我的梦醒，
上帝，我没有病，再不来对你呻吟！
我再不想成仙，蓬莱不是我的分；
我只要这地面，情愿安分的做人，——
从此再不问恋爱是什么一回事，
反正他来的时候我还不曾出世！
——《恋爱到底是什么一回事》

甚至，那个即将成为他妻子、走进他生命的人，他连面都没有见过。他只知道，她是政界名流张嘉璈的妹妹，出身名望之家。

而早在两年前，因为一篇《论小说与社会之关系》，徐志摩的才华就被张嘉璈所欣赏。在张嘉璈看来，徐志摩是学校里当之无愧的佼佼者，不仅文章写得有大将风范，书法也是有风有骨，有气有韵，让人赞叹。“如此奇才，假以时日，自当前途无量。”爱才惜才的张嘉璈很快向校方询问了徐志摩的情况，并在不久之后，主动托人向徐家求亲，以二妹幼仪许之，希望与徐家结秦晋之好。

“我徐申如有幸以张嘉璈之妹为媳。”徐家本是硖石首富，兴旺一方，联姻之后，更是多了政界的支持，可谓是锦上添花，如虎添翼。再闻张家二小姐“其人线条甚美，雅爱淡妆，沉默寡言，举止端庄，秀外慧中”的确为儿媳的最佳人选。如此一来，徐家自然欢喜万分，当即便下了聘礼，算是定亲。

张家包括幼仪在内一共有十二个孩子，八男四女，但张母总会告诉人家，她只有八个孩子——女儿，从来都是不算数的。譬如，男孩生下后，脐带会埋在床下的坛子里，如此辅继香火，代代延绵；女孩出生后，脐带则会埋在屋外，因为女孩子总要嫁人，嫁了人，就成了外人。

这一年，张幼仪才十六岁，却已经到了该出阁的年纪。她也曾就读于苏州女子中学，学名张嘉鈖。嘉，意为美好；鈖，意为晶莹剔透的玉器；幼，意为良善；仪，意为端庄。但就像她的名字所寓意的那样，她一生都在恪守一名旧式女子的美德，却唯独没有为自己活过。

在娘家时，古老的《闺训》就曾告诫她：“凡为女子，大理须明。温柔典雅，四德三从。孝顺父母，唯令是行。问安侍膳，垂手敛容。言辞庄重，举止消停。戒谈私语，禁出恶声。心怀浑厚，面露和平。裙衫洁净，何必绸绫。梳妆谨慎，脂粉休浓……”

出嫁前，她的母亲又不忘叮嘱她，一个女人，结婚后就是男人的附属，必须挑起夫家的责任，而且，永远不能说“不”。

当张幼仪在姐姐的陪同下前往硖石结婚时，心里不仅有期待，也有忐忑。她曾听闻过徐志摩的才气，心中对他很是满意，但两人毕竟素未谋面，她又有些担心，怕自己不讨他的欢喜。如是，一路上，她都忍不住向窗外凝望，希望把这次特别的旅程烙印在记忆深处。与徐志摩眼及之处皆是凄冷的心境截然不同，张幼仪看到的风景，是水稻梯田，麦浪起伏，铁轨两旁桑树夹道，从叶子的罅隙间望向天空，云朵洁白而柔软，小镇秋意正浓，空气清新干净，景色美不胜收……

两人的婚期定在1915年12月5日。婚礼由萧山汤蛰先先生证婚，办得热闹非凡。光是新娘子的嫁妆，就装满了一艘船，其中所有的家具，都是从欧洲直接采购而来，足见排场之大。

徐志摩说过，他想要一个新式的新娘。于是，婚礼当天，张家为幼仪准备了一套粉红色的纱裙；而为了配合中国的礼数，又给幼仪戴上了中式的头冠，让她坐上了轿子。轿子外面罩着红缎，还挂着绣满蝴蝶、鸳鸯、蝙蝠等吉祥图案的布帘。

当张幼仪在喧天的锣鼓声中走出轿门时，人们纷纷称赞她就像“腊雪中的一朵寒梅”。那是她一生中最美的时刻。

洞房花烛夜，画堂深似海。晚年时，张幼仪曾如是回忆她的新婚之夜：

“感觉到他的手已经伸到了盖头旁，我的心就突然抖了起来，有些害怕又有些期待。在婚礼前，我想了很久，在盖头揭开的一刻是不是该看着他的眼睛。但当那重重的盖头从面前消失时，我有些眩晕，还是无法迎接他的目光。他的表情是那样的严肃……我好想跟他说话，大声感谢命运的安排。我想说，我现在是徐家的人了，希望能好好侍奉他们……尽管我希望自己表现得像个新式女子，但发现做不到，只能看着他那尖尖而又光华的下巴。”

这样的女子，宜室宜家，却不是随风摇曳的花。她是寒梅，铮铮铁骨，坚强又隐忍，纵有三千幽谧心事，也不会吐露一星半毫。

“愿我如星君如月，日日流光相皎洁”，她何尝不想靠近他，与他生活相依，灵魂相伴？但他却一丝机会也没有给她。他是严肃的，也是冷漠的，因为他认定她思想旧式，认定她是缠过足的女子，认定她是父辈强加给他的负担。那样的时刻，两人分明咫尺相对，心中却远隔千山万水。而当婚姻只剩下传宗接代的责任，将注定是一件可悲的事情。

婚后的张幼仪侍奉公婆，持家有方，很快就得到了整个徐家的肯定。当然，除了徐志摩。在硖石，结婚后的女人只能待在家中，所以徐志摩每天清晨外出，她都不能随行。有时徐志摩在家中看书，她想过去与他说话，他也是冷冰冰的，宁愿叫下人为他端茶倒水，也不愿抬头与妻子对视一眼。

如果说徐志摩对幼仪的冷淡里，夹杂着对包办婚姻的抵触，那另外一部分，也是最重要的一部分，则是幼仪的低眉顺目，温柔端庄，都不是他想要的。与君初相识，犹如故人归；一日不见，思之如狂；琴瑟在御，莫不静好；赌书泼茶，红袖添香……这样的爱情，这样的感觉，她都给不了。

在他面前，她就像一杯清水，没有波澜，虽能包容一切，却也能一眼望穿。所以，他不爱她。哪怕有一天，他可以为爱而生，为爱而痴，为爱而死，但这时的他，也还没有尝到爱一个人的滋味。

在没有尝到爱的滋味前，他就已经伤害了一个人。在婚姻里，不爱，就是最大的伤害。至于那白头之约，红叶之盟，都只是鸳谱上敷衍世人的句子，与真正的生活，一点关系都没有。

展翅

一掠颜色飞上了树。
“看，一只黄鹂！”有人说。
翘着尾尖，它不作声，
艳异照亮了浓密——
像是春光，火焰，像是热情，

等候它唱，我们静着望，
怕惊了它。但它一展翅，
冲破浓密，化一朵彩云；
它飞了，不见了，没了——
像是春光，火焰，像是热情。

——《黄鹂》

对于徐志摩来说，1916年的春天似乎来得特别晚。

从北京回到家乡的这段日子，他每一天都在想念北国的求学生活——就像一只黄鹂，想念热情的春光与自由自在的天空。而此时的北京正逢政局动乱，许多高校都已被迫停课。不得已，他只能在新学期，转入上海沪江大学继续学业。

当微风吹破第一缕冰凌，当柳树发出第一个芽苞，新婚的青年就已经打点好了行囊，准备“展翅高飞”了。

沪江大学是一所风景幽雅的教会学院。学院周围遍布高大的白玉兰花树，环境非常迷人。花香与书香，陶醉着莘莘学子，每逢礼拜，便有唱诗班虔诚地朗诵《圣经》：敬畏上主是人的光荣、夸耀、喜悦和欢愉的冠冕……敬畏上主的人，终必得福。在他临终之日，必蒙祝福。

> 我不辞痛苦，因为我要认识你，上帝；
> 我甘心，甘心在火焰里存身，
> 到最后那时辰见我的真，
> 见我的真，我定了主意，上帝，再不迟疑！
> ……
> ——《再不迟疑》

温暖的春阳下，枝叶间不时有鸟雀抖动翅羽，仿佛是神在云端言语……神说，要有光，于是就有了光。

崭新的环境，足以洗涤一百遍记忆。

有时候，他也会想起硖石古镇的徐家大宅，心中飞快地闪过幼仪那和顺的眉眼。无论他对她如何漠视，她都依然是贤淑的、静默的，每天守着秋冬里残余的回忆，在春日中思念着远方。没有人知道，她会把那些回忆视作一生坚持的信念，并将其植入心中的丘壑，然后依偎着一把清瘦的寂寞，温良度日，不言不语，不挣不扎。

而现在这些，早已不再是他心头的阴霾与愧疚。在新的环境里，他容光焕发，心怀凌云之志，理想与抱负，是召唤自由的光。他对自己说，要向着光奔跑，要向着光展翅。

沪江开设的是中、英文学，历史，《圣经》，以及数理化的课程。徐志摩就像得到了神的庇护，成绩总能门门优异，才华震惊了整个学院。

但是，要翱翔于云霄，就必须飞向更广阔的天空。要有所作为，就必须学习更多的知识。在沪江的第一个学期，正是中国局势最动荡的时期。清政府灭亡后，袁世凯的称帝之心便日益暴露。各省袁党，以及被收买的社会名流组成“请愿”团，要求实行帝制。台湾抗日志士近千人被处死。各路军阀也是参与其中进行政治争夺。生活在底层的人民，面临的是水深火热。护国战争，一触即发……

青年！
你为什么醉心于革命，
你为什么牺牲于革命？
黄河之水来自昆仑巅，
泛流华族支离之遗骸，
挟黄沙莽莽，沉郁音响，
苍凉，惨如鬼哭满中原！
华族之遗骸！浪花荡处
尚可认伦常礼教，祖先，
神主之断片，——君不见

两岸遗孽，枉戴着忠冠、
孝辫、抱缺守残，泪眼看
风云暗淡，“道丧”的人间！
运也！这狂澜，有谁能挽，
问谁能挽精神之狂澜？
——《青年杂咏·三》

在那个黄沙漫漫的乱世里，中国的政治，亦如天际的风云，涌动起伏，变幻莫测。徐志摩开始强烈地意识到——自己是中华民族的新青年，必须学以致用，只有在“道丧”人间的源头注入新的精神，才能力挽狂澜。

本着这样的初衷，同年秋天，徐志摩考进天津北洋大学。当时的北洋大学被誉为“东方的康奈尔”，是一所西式学府。他在那里攻读法学预科，并学习西方国家的经济与政治。

他不再是娇柔的富家公子，而是心存远志的炎黄男儿。面对残酷的国之现实，他骨头中有热血在汩汩流淌，心有万千烈马在嘶鸣，嗒嗒的马蹄，像华北平原肃杀的秋意一样，奔腾出了声音。

一年后，北洋大学法科并入了北京大学。于是，在1917年的秋天，徐志摩进入北大法科学习，专修法政，旁听政治学，兼修法文、日文，并广泛涉猎于中外文学。诸类新兴的浪潮，伴随着席卷而来的文学风向，让他的视野与心灵愈加丰富了起来，他的思想也得到提升。

其间，他又结交了许多社会名流与有志之士，其中就包括蒋百里先生。

蒋百里是徐志摩的族亲，是他亦师亦友的知己，也是国内知名的军事名家、曾经的保定军校校长，是世人心中的好男儿、真豪杰。

心如赤子，必心有传奇。蒋百里15岁时就经常手捧《普天忠愤集》秉烛夜读，读至热血沸腾处，便放声痛哭，泪如雨下，立誓为国效命。他早年与蔡锷、张孝准一起求学日本，被称为“中国三杰”。他们就读的士官学校，按照惯例，在毕业之时，日本天皇都会赐刀给步兵科毕业生中的第一名。而几年后的毕业典礼上，却是中国的蒋百里夺魁，蔡锷第二，张孝准第三，结果让整个日本政府大惊失色。

后来，蒋百里又留学德国。1913年，也就是他任保定陆军军官学校校长时，在六月的一个凌晨，他召集全校两千余名师生紧急训话之后，沉痛地开枪自杀，却又奇迹生还。关于他的那次自杀，一时众说纷纭。有人说是愤于军校的浮躁学风，有人说是由于向陆军部请求拨款未果，也有人说是对中国当时军政两界的绝望。如今，其中缘由已无从探究，但巍巍烈胆忠心，苍天日月可鉴，徐志摩也极为佩服他的勇气与正气。

这时的徐志摩是来自江南古镇的清俊青年，“身材修长，面容清秀，鼻梁上架着一副圆眼镜，讲起话来，虽然带点南方口音，但吐字清晰，好似珍珠落玉盘，清澈圆转……”

徐志摩与蒋百里虽然相差十四岁，但这丝毫没有影响到他们之间的亲近与情义。蒋百里学识渊博，风流倜傥，虽然身边名士云集，却对徐志摩非常喜爱。从日常小事，到国家兴亡，从文学，到历史，从政治，到军事，他们之间的话题，总是源源不绝。谈及婚姻，他们也是同病相怜。与徐志摩一样，蒋百里在硖石也有一段旧式的包办婚姻。同样是没有爱情，只有责任。后来蒋百里邂逅一位意中女子，成就一桩佳偶良缘。这件事，对徐志摩触动很大，他向蒋百里透露，自己也很期望，有天能遇到一个相见倾心的知己爱人，然后与之携手，恩爱终老。

与爱情里的缘分一样，人生得一知己何其难求——在徐志摩经济最为拮据的时候，蒋百里曾将自己在北京的寓所交给他出售，以帮他渡过难关；而在蒋百里后来受牵连入狱之时，徐志摩则要扛着行李去南京陪他坐牢，一时引得天下轰动。

徐志摩与蒋百里皆是性情中人，所以兴致来时，便挑灯彻夜畅谈，击节而歌。在蒋百里身上，徐志摩可以得到友情，可以得到亲情，甚至还可以得到乡情。他们一起怀念家乡的小吃，一起去打网球，一起听戏，像前生离散的亲人，在今生的尘世里久别重逢，何其难得。

难得，夜这般的清静，
难得，炉火这般的温，
更是难得，无言的相对，
一双寂寞的灵魂！

也不必筹营，也不必详论，
更没有虚骄，猜忌与嫌憎，

只静静的坐对着一炉火，
只静静的默数远巷的更。
……
——《难得》

两颗心静到了极处，就能感觉到灵魂的温度。

1918年，张幼仪在硖石老家生下了徐志摩的长子——阿欢。承欢膝下，铜锴之根。徐申如给孙儿取名“积锴”，寄予殷切厚望，希望他成人之后能有厚积之福，意志坚如钢铁。

徐志摩身在北方，可以不去对幼仪有所想念，却无法割舍对阿欢的骨肉亲情。然而，深深歉疚，依然填不满南北相隔的云水之遥。

而张幼仪，那个内心有古刹幽涧的女子，已经懂得如何将一汪情意与寂寥，渐渐转换成对阿欢的刻骨深爱。她不再感到孤单，不再感觉无枝可依。不管是因为亲情往往比爱情来得安妥，还是因为有了孩子后夫妻间就有了维系，她更加尽心地打理起繁芜的家业，并以生命的全部能量呵护着阿欢，就像呵护着从未到来过的爱情。

赴美

山，我不赞美你的壮健，
海，我不歌咏你的阔大，
风波，我不颂扬你威力的无边；
但那在雪地里挣扎的小草花，
路旁冥盲中无告的孤寡，
烧死在沙漠里想归去的雏燕，——
给他们，给宇宙间一切无名的不幸，
我拜献，拜献我胸胁间的热，
管里的血，灵性里的光明；
我的诗歌——在歌声嘹亮的一俄顷，
天外的云彩为你们织造快乐，
起一座虹桥，
指点着永恒的逍遥，
在嘹亮的歌声里消纳了无穷的苦厄！

——《拜献》

徐志摩在杭州一中就读时，就极其仰慕梁启超的学术思想。是时，梁启超正倡导文体改良的“诗界革命”和“小说界革命”，而徐志摩在《友声》上发表的那篇《论小说与社会之关系》，便是与梁启超的“欲改良群治，必自新小说界革命始，欲新民，必自新小说始”一脉相承。

如今，时隔数年，徐志摩已求学于中国最好的学府，又居住于名士府邸，可谓一腔抱负胸中藏，身边往来无白丁。但生逢乱世，朝廷更迭，军阀混战，百姓苦厄，若想寻求救国之良方，显然是路漫漫其修远兮。所以在这条长路上，他还必须寻觅一位良师，来当他的明灯，做他的引路人。

于是，在蒋百里与幼仪二哥张君劢的引荐下，徐志摩有幸结识了梁启超，并以隆重的拜师大礼，入其门下，成为一代名师梁启超的学生。

得偿所愿，真是全世界最美妙的事。梁启超对徐志摩这个眉目清秀的年轻人也很是喜欢。行礼之日，梁启超向徐志摩提出的问题，徐志摩都能流利地回答出来——无论是才学、志向，还是品德，这时的他，都能与老师投契。

此时又正值留学欧美的热潮。不久后，梁启超便提议，徐志摩可先到国外留学，为将来立身报国、济世强民做一个有力的铺垫。蒋百里对徐志摩出国留洋一事也极为赞成。国之动乱，必将寻求新的挽救之道，而出国学习新兴的知识与良策，无疑是当前最活泛可靠的方式。

更令徐志摩欣喜的是，他的父亲不仅促成了这次的拜师事宜，包括毫不迟疑相赠贵重的贽敬之礼，而且，还答应了让他自费出国留学。诚然，徐申如对徐志摩自小宠爱，“只恨不能摘月来满足儿子”，而且在他看来，徐志摩日后若想在金融业与政界有所发展，很明显，出国深造可以让这条路走得更顺畅——就像幼仪的二哥与四哥一样，留洋归来，光耀门庭。

徐志摩渴望拥有一个理想的国度，那里有着云彩织就的快乐，有着永恒的逍遥，万物生灵，自由成长，山川河流，风光如画。然而，此时呈现在他眼前的，却两眼都是混战之苦，黎民之忧，乱象之下，河山泣血，这更加坚定了他出国留学的决心。

当时的社会，最缺乏的是人心的觉醒。而这些，又远非一人之力或几人之力便可扭转与拯救。徐志摩居住的北京，更是最淆乱的地区。求学的日子里，他每天都会亲眼目睹发生在身边的一幕幕悲剧，让他愤慨，也让他深恶痛绝。同时，他的爱国热情也一度到达了顶峰。时间与世事，已经让一个埋首书山、温润如玉的富家公子，成为一位以字为刀、力拔山河的血性男儿。

朋友，这年头真不容易过，
你出城去看光景就有数——
柳林中有乌鸦们在争吵，
分不匀死人身上的脂膏；

城门洞里一阵阵的旋风起，
跳舞着没脑袋的英雄，
那田畦里碧葱葱的豆苗，
你信不信全是用鲜血浇！

还有那井边挑水的姑娘，
你问她为甚走道像带伤——

抹下西山黄昏的一天紫，

也涂不没这人变兽的耻！

——《人变兽·战歌之二》

人变兽，国将亡。血流成河，耻辱昭昭，世人已无多少时日可供观望与浪费。乌鸦不断哀鸣，远方的旋风，刮过死寂的森林，黄昏像伤痕一样悬浮在天际，云霞是紫色的血瘀。千年的城楼之上，青铜的钟鼓，斑驳入心，悲怆的战歌，即将唱响。

1918年8月，徐志摩打点行装，为出国做准备。临行之时，张幼仪怀抱里的阿欢才出生不久。而最令徐志摩放心不下的，还是母亲的病情。男儿心中的挂牵，是最温情的磨砺。但是，为了救国之道，为了梦想，他只有将柔肠压至傲骨内部，忍小剧而克大绪。他给恩师梁启超写信，字字句句，皆出肺腑，令人睹之心伤：

“夏间趋拜棨范，眩震高明，未得一抒其愚昧，南归适慈亲沾恙。奉侍匝月，后复料量行事，仆仆无暇，首途之日，奉握金诲，片语提撕，皆旷可发蒙，感抃乍会至于流涕。具念夫子爱人以德，不以不肖而弃之，抑又重增惶悚，虑下驷之不足，以充御厩而有愧于圣门弟子也。敢不竭跬步之安详，以冀千里之程哉？”

千里之行，始于足下。匆匆作别硖石的亲人与山水，徐志摩就与汪精卫、朱家骅、李济之、张海歆、查良钊、董任坚、刘叔和一行，在上海浦江码头乘坐南京号邮轮，奔赴万里之遥的美国，从此一瞬万念，家乡是故乡。

轮船航行至太平洋之上时，他那离家游子的惆怅，奔赴未知的兴奋，深植于心的襟抱，都化作一篇在船舱中写下的《启行赴美分致亲友文》。

“诸先生于志摩之行也，岂不曰国难方兴，忧心如捣，室如悬磬，野无青草，嗟尔青年，维国之宝，慎尔所习，以驻我脑。诚哉，是摩之所以引惕而自励也……方今沧海横流之际，固非一二人之力可以排奡而砥柱，必也集同志，严誓约，明气节，革弊俗，积之深，而后发之大，众志成城，而后可有为于天下……况今日之世，内忧外患，志士贲兴，所谓时势造英雄也。时乎！时乎！国运以苟延也今日，作波韩之续也今日，而今日之事，吾届青年，实负其责，勿以地大物博，妄自夸诞，往者不可追，来者犹可谏。夫朝野之醉生梦死，固足自亡绝，而况他人之鱼肉我耶？志摩满怀凄怆，不觉其言之冗而气之激，瞻彼弁髦，怒如捣兮，有不得不一吐其愚以商榷于我诸先进之前也。摩少鄙，不知世界之大，感社会之恶流，几何不丧其所操，而入醉生梦死之途，此其自为悲怜不暇，故益自奋勉，将悃悃幅幅，致其忠诚，以践今日之言。幸而有成，亦所以答诸先生期望之心于万一也。”

徐志摩的这篇文章写得浩然正气，也写得壮志凌云，字里行间，又无不情透肺腑，心忧天下。

时势造就英雄。泱泱中华，古之天地闭合混沌未开，亦有先祖志士化骨为山脉，化血为河流，造万民与生灵。世上曾有刘子舞剑，祖生击楫，继以高志安定华夏文明之邦，如今，国之兴亡，命悬一线，天道在上，良知在侧，若不能救百姓于水火，匡国势于正义，又怎配立足于皇皇天地之间？

站在邮轮的甲板上，二十二岁的徐志摩看着轮船在海洋里乘风破浪，竟如一茎小小的绿叶。深邃的蓝天倒扣在头顶，像母亲脉络复杂的掌心，与神性贴近，透露出无限的慈爱与严厉。

故土慢慢在后退，直至最后的一线影子也被海浪吞没。他仰起尚存有几分稚气的脸，看着飞鸟翱翔于云端，游鱼沉潜于海底，便情不自禁地闭上眼睛，让心随着轮船平静地前行。尽管骨中的血液，依然如暗流汹涌。然而从踏上这艘远洋渡轮开始，他就清楚地知道，自己余生的命运，已经在冥冥之中，发生了巨大的改变。

转念

泣与笑，恋与愿与恩怨，
难得的青年，倏忽的青年，
前面有座铁打的城垣，青年，
你进了城垣，永别了春光，
永别了青年，恋与愿与恩怨！

妙乐与酒与玫瑰，不久住人间，
青年，彩虹不常在天边，
梦里的颜色，不能永葆鲜妍，
你须珍重，青年，你有限的脉搏，
休教幻景似的消散了你的青年！

——《青年曲》

光阴如大海茫茫。生命，就像是一盏古老的沙漏，时时刻刻，尘沙簌簌，让人望而心惊。纵观徐志摩的一生，除却短暂又安逸的童年之外，他生命中其余的岁月，都在为爱、为自由、为美颠沛流离，也曾春光无限，也曾秋意阑珊。

时为1918年9月。经过21天的海上生活，历经从夏末到初秋的距离，由上海出发的南京号邮轮，取道横滨檀香山，终于如期抵达旧金山。在船上相处半月有余的中国青年们，在美国大陆挥手告别，各自奔赴向往之地，各自接受命运的安排。

徐志摩来到美国东北部马萨诸塞州的伍斯特市，就读于克拉克大学的历史系三年级。

在克拉克的大学城堡里，徐志摩取了一个特别的英文名字——“汉密尔顿·徐”，不仅是向著名的金融家、也是美国的开国元勋之一亚历山大·汉密尔顿致敬，更希望自己能够早日实现心中的最高理想，成为东方的汉密尔顿（Hamilton），在中国的政界与金融界指点江山。

开学后，徐志摩很快成了一个与时间赛跑的人，他制定了一张严苛的日程表，规定自己必须每日六时起身，七时朝会（激耻发心），晚唱国歌，十时半归寝，日间勤学而外，运动散步阅报……如此蓬勃雄心，剔除懒骨。

井然有序的规章可磨炼意志，阅读则是获取知识与信息的重要途径。徐志摩在勤阅各种进步报刊之余，依然不忘研读恩师梁启超的文著。

他在出国日记里曾写下了这样的感慨：“读任公先生《新民说》及《德育鉴》，合十稽首，喜惧愧感，一时交集，《石头记》宝玉读宝钗之《螃蟹咏》而曰：‘我的也该烧了！’今我读先生文亦曰，‘弟子的也该烧了。’”

而读《意大利建国三杰传》，他又恨不得顷刻之间就蘸血为墨、削骨为笔和之感之。为国家的独立统一斗争的意大利三杰，和他们那种斗争的精神，都深深地触动了他："读梁先生之《意大利三杰传》，而志摩血气之勇始见，三杰之行状固极快之致，而先生之文章亦夭矫若神龙之盘空，力可拔山，气可盖世，淋漓沉痛，固不独志摩为之低昂慷慨，举凡天下有血性人，无不腾攘激发，有不能自已者矣……"

他就像一株生长于峭壁的碧绿植物，在风雨与阳光中汲取着异国的养分，努力地成长着，不愿浪费生命里的每一分钟。由于他英文不好，便下功夫恶补。背诵资料在案头堆积如山，抄写到指头发胛，直至能与当地的学生流利交谈。

不久后，徐志摩加入克拉克的学生陆军训练团，与同学们辩论探讨学术与时事，并从中得到新的思想与感悟，融会贯通，为己所用。后来国内爆发了五四爱国运动，徐志摩又加入了哈佛大学由中国学生组织的国防会，结交了许多爱国志士与青年朋友，最大程度地响应着爱国热潮，探讨救国之道。

在克拉克学习时，徐志摩选修了多门课程，并在康奈尔大学夏令进修班获得了四个学分。翌年6月，他以优异的成绩在克拉克大学毕业，获得学士学位与一等荣誉奖。同年9月，徐志摩进入哥伦比亚大学经济系修硕士学位，致力于经济、政治、劳工、民主、文明、外交、社会、心理、语言等领域的研究。

所有的努力都没有白费。一年后，徐志摩获得了哥伦比亚大学经济学的硕士学位。当时的学位论文是《论中国妇女的地位》，他从中国妇女的文化修养入手，写得是汪洋恣意，一个笔触，如一个浪头，忽而冷静，忽而诡丽，风情与风采皆风流，可谓实至名归。

出栅栏之猛兽，虎气方新。在美国的两年，徐志摩以超凡的才华与热情，涉猎东西方繁杂的思想与学说，整个人都焕然新生。甚至有段时间，学识广博的徐志摩被留学生称之为布尔什维克（Bolshevik）。

然而，在那两年里，徐志摩不仅看到了美国工业与经济的飞速发展，也看到了资本主义制度的各种弊端。其中，徐志摩最不能容忍的，就是对劳动人民的剥削与压榨。

那么，以资本主义的实业救国还能行得通吗？徐志摩向自己发问，向各种研究领域发问，也向曾经的抱负与理想发问。

徐志摩关注到马克思前期的社会主义，感觉十分对脾胃，他还极爱看《新青年》劳动号上的文章。不久后的见闻与亲历，更是在他对社会主义态度的倾向与转换中，起了根本的影响与作用。

历史课上，老师讲到了19世纪初的工业状况与工人待遇——为了减少开支，很多工厂都在招用童工，有令小孩钻进烟囱去清扫煤灰，熏焦熏伤之事频频发生。以致后来，徐志摩看到林立的烟囱就会想到熏焦的小孩，就会悲痛难抑，就会对资本主义产生怨恨。

渐渐地，徐志摩之前笃定的志向已经产生偏移。他认识到，与其多建些工厂让百姓乐业，不如以政治、以思想救国，终止最源头的自私与残忍。

当时有人写了一篇报道，关于芝加哥制糜厂的童工遭遇，是说工厂机器在运转时，碾断了一个小孩的胳膊，而那只血淋淋的断臂，就直接和猪肉一起被制成了肉糜，远销至东方各大城市。所以，那个小孩的臂膀，在一周内至少被几万人尝过。

徐志摩从前的困扰是人变兽，可如今的痛心是人吃人。经济发达的面纱一旦被揭开，露出的便是资本主义唯利是图的丑恶嘴脸，比兽更残酷。

为了节省开支与体验生活，徐志摩在暑假之时曾去一家餐馆做过杂工。徐志摩负责的是用推车运送餐具，他的工作，就是每天机械地重复，不停地奔走于厨房与餐厅之间。可是有一日，推车突然翻了，一两百个碗碟刀叉打翻一地，随即四处碎裂开来。幸好得一西班牙人帮忙，才能迅速将碎片清理到阴沟之中。完全清理好后，他才发现两只手掌已经不能用力，掌心与手指全被碎裂的瓷片割伤，顿时血肉模糊。望着满手的血腥，他的心被狠狠地震疼了。

去罢，人间，去罢！
我独立在高山的峰上；
去罢，人间，去罢！
我面对着无极的穹苍。

去罢，青年，去罢！
与幽谷的香草同埋；
去罢，青年，去罢！
悲哀付与暮天的群鸦。

去罢，梦乡，去罢！
我把幻景的玉杯摔破；
去罢，梦乡，去罢！
我笑受山风与海涛之贺。

去罢，种种，去罢！
当前有插天的高峰；
去罢，一切，去罢！
当前有无穷的无穷！
——《去罢》

两年前，徐志摩来到大洋彼岸寻找至高的理想，如今，他已将那最初的抱负丢弃在大洋彼岸。行走在异国他乡的街道，看着霓虹慢慢点亮城市，他的心绪就会莫名地沉重——汉密尔顿，工业，经济，资本主义，一切的一切，都让他心灰意冷。

他不想再为了那些所谓的追求，而扭曲自己的灵魂。他开始厌倦在大学里听课、记笔记、考试等日复一日的生活，他强烈地渴望着哲理的引导，渴望逆境中的另一股力量将自己救赎，渴望对“和平真理”的寻找。他很快迷恋上了尼采的哲学与罗素的思想。对现代秩序的否定与反叛，对重视己身的拼搏与顽强，一度成为他精神上的食粮与支柱。

尼采有言，“受苦的人没有悲观的权利”，于是，徐志摩便时刻提醒自己，要自强不息，要懂得在逆境中坚持真理，并为之奋斗，为之骄傲。徐志摩读尼采时，曾如是说：“我仿佛跟着查拉图斯特拉登上了哲理的山峰，高空的清气在我的肺里，杂色的人生横亘在我的脚下。”

尼采的逝世，是历史的遗憾，但值得庆幸的是，他的思想将永存，会一直存在于真理中。更值得庆幸的是——“二十世纪的伏尔泰”、“现实中的尼采”伯特兰·罗素，英国的著名思想家、哲学家罗素，斯人尚在。

那么现在，趁血液还灼热，脉搏还激烈，他必须去攀登一次哲理的高峰，去寻找生命的另一种可能。他决定，放弃哥伦比亚大学博士头衔的诱惑，远渡重洋，直接去英国拜访罗素，请罗素当自己的新老师。所以，一念起，则百念生，风雨时光，千里万里，他亦往矣。

第二章 康桥别恋

从文

草上的露珠儿
颗颗是透明的水晶球，
新归来的燕儿
在旧巢里呢喃个不休；

诗人哟！可不是春至人间
还不放开你
创造的喷泉，
嗤嗤！吐不尽南山北山的璠瑜，
洒不完东海西海的琼珠，
融和琴瑟箫笙的音韵，
饮餐星辰日月的光明！
……

柔软的南风
吹皱了大海慷慨的面容，
洁白的海鸥
上穿云下没波自在优游；

诗人哟！可不是趁航时候，

还不准备你
歌吟的渔舟！
……

诗人哟！
你是时代精神的先觉者哟！
你是思想艺术的集成者哟！
你是人天之际的创造者哟！
……
——《草上的露珠儿》

多年之后，常有人言，徐志摩的“弃商从文”，让中国近代史上少了一位杰出的政治家或金融家，却也多出了一位诗人和文学家。

世事不可预知，生命中的每一个选择，都将关于未来。然而徐志摩是天生的诗人，他骨子里一开始就流淌着诗人的血，沸腾着文字的温度。所以，他与诗歌、与文学，是一场久别重逢，以至后来遇到的人、事、情，都是宿命里的因缘，不须要对的时间、对的地点、对的缘由，只须趋近内心，响应灵魂的召唤——在文学与诗歌、真理与自由、爱与和平的世界里，像洁白的海鸥一样，自由自在地悠游。

我这一生的周折，大都寻得出感情的线索。不论别的，单说求学。我到英国是为了要从罗素。罗素来中国时，我已经在美国，他那不确的死耗传到的时候，我真的出眼泪不够，还做悼诗来了。他没有死，我自然高兴。我摆脱了哥伦比亚大博士衔的引诱，买船漂过大西洋，想跟这位二十世纪的福禄泰尔认真念一点书去……

——《我所知道的康桥》

两年前，梁启超的提议像一把钥匙，开启了徐志摩的西方求学之路。但每个人的路，终究是在自己的脚下，要怎么走，用怎样的姿势走，都决定于自己。

1920年9月，秋天的气息刚刚染黄第一片树叶，徐志摩就已经开始他的赴英之旅。辞别处处功利的美国，穿越风波滚滚的大西洋，他将去往一个文明而浪漫的国度拜访罗素，拜访星辰日月的光明，然后向他学习哲思，获得神圣的不可预知的真理。至于什么经济学博士学位，什么汉密尔顿的理想，皆已轻如鸿毛，弹指可弃。

伯特兰·罗素出生于英国的辉格党贵族世家，他的祖父约翰·罗素勋爵在维多利亚时代曾两度出任首相，并获封伯爵爵位。他的父亲安伯力·罗素是一位激进的自由主义者，与著名的自由主义哲学家约翰·穆勒是好友，而穆勒正是伯特兰·罗素的教父。罗素4岁时失去双亲，由祖母抚养。他的祖母虽然在道德方面要求极为严格，但在精神上却无所畏惧，敢于蔑视习俗，曾将圣经《旧约》中的“不可随众行恶”一语题赠给罗素，这句话也成为罗素一生的座右铭。

徐志摩曾说，罗素是现代最莹澈的一块理智结晶，离了他的名学数理，又是一团火热的情感，古今罕有。他的灵魂，始终奔跑在凛冽的风中，没有什么可以束缚他，孤独不能，风也不能。他数十年如一日地致力于教育、伦理、婚姻、社会改革、历史、政治等领域的研究，并积极参与到女权主义运动与和平运动中去，为人类做出了重大贡献，并在1950年，获得了诺贝尔文学奖。如罗素所言，对爱情的渴望，对知识的追求，对人类苦难不可遏制的同情，支配了他的一生。

温良的天性，诗人的纤敏，还有出门在外的所学所见所闻，都让徐志摩异常向往一个和平纯真的理想世界。所以，他崇拜罗素，用最单纯最强烈的激情喜爱他，仰慕他，不做一点保留。在美国时，他就阅读了罗素的多部著作，譬如《战争中的公理问题》，譬如《往自由之路》，在那些言论与思想里，他感知战争，感知社会，感知政治，感知自由，并从中找到契合的根基，找到精神的气质，找到生命的意义。

> 每次我念罗素的著作或是记起他的声音笑貌，我就联想起纽约城，尤其是吴尔吴斯五十八层的高楼。他们好像是二十世纪的两个敌对的象征，——罗素先生与五十八层的高楼。罗素的思想言论，仿佛是夏天海上的黄昏，紫黑云中不时有金蛇似的电火在冷酷地料峭地猛闪，骇人的电闪，在你的头顶眼前隐现……矗入云际的高楼，不危险吗？一半个的霹雳，便可将他锤成粉屑——震的赫真江边的青林绿草都兢兢的摇动！但是不然！电火尽闪着，霹雳却始终不到，高楼依旧在层云中矗着，纯金的电光，只是照出他的傲慢，增加他的辉煌！
>
> ——《罗素又来说话了》

而彼时，徐志摩正站在横渡大西洋的轮船甲板上，看着天气骤然变化，岩片似的黑云一层层累叠在船的头顶，不漏一丝天光。海浪漫天席卷，时而如高山，时而如深谷。浪尖与云朵纠缠，云中的闪电如金蛇飞舞，船身剧烈地晃动，好似只要一个霹雳，就会倾覆于汪洋与雷雨之中……

生死边缘，天变如世变，连记忆也被深深震撼。冥冥之中，他仿佛感觉到罗素的思想，也带着自然界磅礴的力量。在风雨如晦的喧嚣乱世中，罗素的思想何尝不是一道纯金的闪电呢——可以劈开凡尘，以冷酷的力道，直击心灵的内核——探究一个圣洁的光明所在。

1920年10月，轮船到达伦敦。他的皮鞋与英伦的土地接了一个响亮的吻，他拥抱着城市里湿润的空气，心中自由而芬芳。就像踏进一个古老的梦境，不似江南水乡的秀美玲珑，也不似北京胡同的深邃幽清，这里的天穹有青雾弥漫，风里夹杂着黄昏与青草的气息，好像随时准备老去，又随时都在新生。街头的行人，面容呈现出统一的严谨与简洁，带着不易察觉的温暖。沧桑的老树间，有成群的鸽子憩息，倏尔展翅扑棱掠过尖顶的教堂。静穆的钟声在耳际响起，他的嘴角随之绽开一个优美的弧度。

然而，世事却远比天气难以预料。当徐志摩怀着激动而神圣的心情，马不停蹄地奔赴罗素从教的剑桥大学三一学院时，收到的消息却是——因为一贯的积极反战思想与异于世俗的离婚事件，罗素已被三一学院解职除名。换言之，就在他远渡英伦的途中，罗素就已经离开伦敦了。他绕道法国后，还赶往了中国讲学。

罗素归期遥遥，干等显然无益。于是徐志摩权衡再三，决定先进入伦敦大学的政治经济学院，师从著名的政治学家拉斯基教授，攻读政治经济学博士。如此，既能平复好痛苦而失望的心情，等待罗素的回归，又不至于太让家乡的父亲失望——不过是换了一所学校而已。

果然，徐申如得知儿子离美赴英的消息后，在家中大发雷霆。可毕竟鞭长莫及，冷静下来，他也只能抚摸着孙儿阿欢那双稚嫩的手，将心中的焦虑与不安化作一缕绵长的兴叹。他默念着，希望他远在异乡的儿子能够时刻保持警醒，不改初衷，不负众望，尽快修好学业，在当今沧海横流的乱世里，成为砥柱之才。

英伦

这一瞬息的展雾——
是山雾
是台幕

这一转瞬的沉闷。
是云蒸，
是人生？

那分明是山、水、田、庐，
又分明是悲、欢、喜、怒，
啊，这眼前刹那间开朗，
我仿佛感悟了造化的无常！

——《山中大雾看景》

既来之，则安之。徐志摩进入伦敦大学后，经常会站在英伦的天空下，看着山中的雾气如厚重的台幕一般升降起落，近处的城市，远处的田园，全都笼罩上了一层朦胧的氛围。但此时他的心绪却豁然开朗了起来。人生如戏，从来就是你方唱罢我登场。既然造化无常，不如就此选择安然，选择与命运握手言和。

到达英伦未足一月，他便向硖石老家投递家书，禀告起居与学业：

“更有一事为大人所乐闻者，即儿自到伦敦以来，顿觉性灵益发开展，求学兴味益深，庶几有成，其在此乎？儿尤喜与英国名士交接，得益倍蓰，真所谓学不完的聪明。儿过一年始觉一年之过法不妥，以前初到美国，回首从前教育如腐朽，到纽约后，回首第一年如虚度，今复悔去年之未算用，大概下半年又是一种进步之表现，要可喜也。伦敦天气也不十分坏，就是物质方面不及美国远甚，如儿住处尚是煤气灯而非电灯，更无热水管，烧煤而已，然儿安之。”

英国的留学生活尽管有些清苦，他也心甘情愿。他喜欢与英国名士交往，很快便融入其中，他挥洒着单纯的热情，也得到了深浓的情意。

这时的徐志摩已不再是那个“头大尾巴小，戴着金边近视眼镜的顽皮小孩”，他已经成长为清秀英俊的翩翩青年，鼻梁上的金边近视眼镜，又为他增加了几分儒雅的学院气质。他的朋友们都非常喜欢他，在他看来，英伦虽好，但友人们的魅力，比英伦的美景更具风情。

在那里，他很快就收获了友情。那一日，在学院的食堂，徐志摩遇到了同样来自中国的留学生陈源，从此开启了两人的友情之门。他便是日后极具名气的文人陈西滢。

不久后，徐志摩又结识了章士钊、刘半农、金岳霖、赵元任、林长民等学者，他被浓厚又祥和的学术风气包围着，对文学的渴望也越发强烈。同时，经过好友们的介绍，他又继续扩大了社交圈，并有幸与威尔斯、狄更生、魏雷、卞因、嘉本特等英国名士交谊。

在陈西滢后来的回忆文字里，我们可以看到，徐志摩与威尔斯第一次愉快的会晤，就像窗外美丽的晨曦。

那一日清晨，徐志摩正打开窗子写字，琥珀色的晨光洒在书桌上，盛开成细碎的珠花。他的笔尖在纸上欢悦地游走，像一尾鱼，投身于春日的河流。

突然，两声响亮的汽笛打破了沉寂，徐志摩抬头一看，原是陈西滢与章士钊到访。他们给他介绍车上的著名作家威尔斯先生，让他欣悦万分。他把威尔斯先生迎到房间，与他谈苏俄，谈小说，谈中国，谈诗歌，谈所有感兴趣的话题，滔滔不绝。威尔斯风趣，又平易近人，与徐志摩这个豪放健谈的中国青年甚是投缘。他说他很喜欢中国，还很喜欢吃中国饭，就像喜欢面前这个热情、直率的徐志摩。他们像老友一样，一会儿激烈地辩驳，一会儿激扬地讨论，一会儿又激动地拥抱，融洽的程度，让一旁的陈西滢与章士钊几乎都插不进嘴。那天威尔斯先生很晚才告辞回家，临走之时还专门邀请徐志摩去他的乡间别墅小住。

此后，徐志摩就成了威尔斯先生家的常客。威尔斯先生居住在索斯顿，与伦敦相隔一段小小的旅程。他经常坐着悠闲的列车抵达那里的车站，威尔斯先生的两个孩子会准时来接他。

一路上，他们穿过成片的树林与鸽哨，拉着手走在广袤的乡村之间。天空宁静，海浪与民谣，可以烙进最深的那层记忆，轻盈而自然。

徐志摩有空就会去威尔斯先生的华维克花园里散步，与他畅谈文学与家庭，遇着篱笆了就一齐跳过去，哪怕有人跌破了衣服，也毫不在意。他们还在房间里喝着威士忌酒，观看世相与窗外参天的银柏，累了就在镂花床上抵足而眠。

威尔斯是历史著作《世界史纲》的作者，他喜欢写科幻小说和社会小说，并经常把两者结合起来。他主张以社会为本位，他为社会而创作小说，并不遗余力地攻击社会的一切陈规陋俗。这些思想，也更进一步坚定了徐志摩从文的决心，他坚信，手中的纤纤笔杆，终可成为征讨天下良心的有力武器，而且，唯有强大的文学力量，才能真正地给心灵以警醒与救赎。

威尔斯先生的朋友魏雷是一位有名的汉学家，专门研究中国文学。徐志摩与魏雷先生认识后，送给了他一本温庭筠的诗集，又向他推荐了鲁迅新出的《中国小说史略》，并寄赠一本。得知徐志摩有着扎实的国学功底，魏雷先生便向他请教了一些唐诗理解上的疑难问题。对此，他自然是知无不言，言无不尽，以最大的热情与诚意，向友谊与学术致敬。

交谈是灵魂的拥抱与碰撞，你永远不知道，下一次又会从哪一个间隙，惊喜地遇见灵感的火花。他们在一起交谈，同样是亲密无间，思如泉涌，在徐志摩身上，魏雷先生不仅看到了中国文化博大精深，还看到了中国青年的意气方浓。

以至多年以后的1940年，徐志摩依然念念不忘当时的情义，写下《欠中国的一笔债》一文。在这一篇厚重的文字里，他写下了知己情深，更写下了他脉脉感怀着的，山水田庐的清澈情怀，与古风荡漾的塞渊之心。

初见

秋雨在一流清冷的秋水池，
一棵憔悴的秋柳里，
一条怯怜的秋枝上，
一片将黄未黄的秋叶上，
听他亲亲切切喁喁唼唼，
私语三秋的情思情事，情语情节，
临了轻轻将他拂落在秋水秋波的秋晕里，
一涡半转，跟着秋流去。
这秋雨的私语，三秋的情思情事，情诗情节，
也掉落在秋水秋波的秋晕里，
一涡半转，跟着秋流去。

——《私语》

1920年的秋，真是漫长又朦胧。浮尘幽恍世间事，仿佛一闭上眼睛，就会被月光与雨雾淋湿前生。

在那个清冷的季节，英伦的阳光与雨水一样多，造化的无常与欣喜一样多。当秋风席卷了整座城市的情思，每一枝垂柳，每一片落叶，都好似蕴藏了万千因缘的情节。当蜿蜒的流水在秋池中暗转，寂寞的飞云凌空照影，绵绵不绝的秋雨，化作了岁月与红尘之

间最盛烈的私语。

那么可否将那一段滴水的光阴，酿成悱恻清洌的醇酒，再取一个名字叫最初的爱情，用以慰藉尘世记忆的三分凄凉？

彼时的她，还被唤作“林徽音”。林下之风，清香古雅。《诗经·大雅·思齐》中有“大姒嗣徽音，则百斯男”一句，她的祖父选“徽音”二字，以寄意厚重而美好心愿——此女落地后，自可招弟兴男葆林家一脉世代荣昌。徽因，是她后来为了避免与一男作家重名而改的名字。

林徽因出生在江南的一个官宦世家，自小聪颖慧心，深得林家欢喜。她又生得清扬婉兮，眉目如画，举手投足间，自有一股清贵之气。林徽因一生行走凡尘，都能步步莲花，精致不虚，又不沾不染。

看她十六岁之时拍的照片，尚是梳着乌黑麻花辫的少女，阳光倾泻在她的脚下，如一座温柔的城池。

而徐志摩与徽因相识，则是因为他的另一位朋友，林徽因的父亲——林长民。

林长民曾两度留学日本，专攻政法，与徐志摩的恩师梁启超先生是政坛好友。徐志摩对他亦是景仰已久。

是年，因为政治上的失意，林长民携带掌上明珠徽因出国，以中国国际联盟同志会代表的身份赴欧洲游历。到达伦敦后，他经常在集会上演讲，风采一时无人能及。他笔下的书法，也是腾龙舞凤，激烈酣畅，令人痴醉心肠。其人更是风流倜傥，仪表堂堂，来伦敦数月就已声名大振，成为当时英国政界与文艺界的非凡名士。

如此名流，徐志摩没有理由不结识。所谓肝胆一古剑，波涛两浮萍，他们在异国他乡相逢，倾盖如故，遂成忘年之交。

“惊讶你清奇的相貌，惊讶你更清奇的谈吐”，徐志摩欣赏林长民，林长民更喜欢徐志摩。他们一个是书生逸士，一个是春陌兰襟，灵魂相近，便能气息相通，也能浓烈清淡总相宜。

他们谈政治，谈社会，谈诗文，谈书法，谈风月，更谈男女情事。在徐志摩面前，林长民可以毫不避讳地向他诉说过往，从青涩少年，到两鬓斑白，从“风流踪迹”，到“性恋历史”，坦荡而安然。

于是，徐志摩便得知，林长民曾在留日期间爱上过一个日本女孩。然而此情可待成追忆，只是当时已惘然。他的怅然，一直与惘然一样深。那样的时刻，徐志摩通常都是含笑聆听，当一个合格的树洞，然后享受着空气中“脆爽的清淡的愉快”。

甚至，在谈兴正浓之时，由林长民提议，他与徐志摩就地扮演一对情人。林长民是有妇之夫，万种风情无地着，徐志摩是有夫之妇，恨不相逢未嫁时。在双方都不自由的境况下，他们只能用通信的方式进行恋爱。在那样的爱情里，他与“她”，都是炽热而隐秘的，就像两朵隔岸相望的花，横亘的命运，是滔滔不涸的湍急流水，天上的彩云，是寄托相思的红字小笺。可望，而不可得，可爱，却不可依，一切看似游戏，又处处无限深意。

徐志摩明白，林长民不过是用这样的方式一浇心头块垒，而此时的他，虽有婚姻，却无涉爱情，每次通信，也不禁在心里感慨万千。

几年后，徐志摩依照林长民的故事原型，写就了一篇小说——《春痕》，将一段残缺的斑斓旧事，用流传于光阴的方式趋近完满。小说的整个气息，一如那满谷的樱花桃李，绚烂又忧伤："一泻清利中，泄露着几分忧郁凝滞……像清翠的秋山清罩这几痕雾紫……当年影像，已经淡极了，微妙极了，只要蝇蚊的微嗡，便能刺碎，只要春风的指尖，便能挑破……"

只是，彼时的林长民，并没有察觉到，徐志摩眉间的那一丝淡淡哀愁，正在隐约期待着一位如樱花的女子，用她如春风的指尖，来将它拂落。他每天听着爱情，读着爱情，写着爱情，幻想着爱情，而属于他的爱情，又在哪呢？

我有一个恋爱，
我爱天上的明星，
我爱它们的晶莹：——
人间没有这异样的神明！

在冷峭的暮冬的黄昏，
在寂寞的灰色的清晨，
在海上，在风雨后的山顶：——
永远有一颗，万颗的明星！

山涧边小草花的知心，
高楼上小孩童的欢欣，
旅行人的灯亮与南针：——
万万里外闪烁的精灵！

我有一个破碎的魂灵，
像一堆破碎的水晶，
散布在荒野的枯草里：——
饱啜你一瞬瞬的殷勤。

人生的冰激与柔情，
我也曾尝味，我也曾容忍；
有时阶砌下蟋蟀的秋吟：——
引起我心伤，逼迫我泪零。

我袒露我的坦白的胸襟，
献爱与一天的明星；
任凭人生是幻是真，
地球存在或是消泯：——
大空中永远有不昧的明星！
——《我有一个恋爱》

“论中西文学及品貌，当世女子舍其女莫属。”当林长民向徐志摩称赞其女林徽因时，徐志摩的心，莫名地动了一下。

他曾在诗中问自己，恋爱到底是怎样一回事，如今，他终于知道了，爱上一个人，就会为她心动，也会为她心伤。他对她一见钟情，然而她却开口叫他“小叔叔”。

这一年，他二十四岁，她十六岁。他是有妻子有孩子的已婚男士，她是明媚如花的闺中少女。

林徽因聪慧，艺术天赋极高，且在诗文、音乐、绘画、戏剧等方面都有不俗的表现。她是被上帝偏爱的女子，气质古典，性格精灵，容颜有樱花的晶莹之美，让人见之不忘，心驰神往。

自从见到林徽因后，徐志摩便开始频繁地出入林家，只盼望她的身影能够出现。在林家小院里，他看着她像美丽的小鹿一样骑着竹马欢笑，如同星光下的幻景。他与她谈论诗歌与艺术，她总是能讲出独特的见解。她向往独立，追求自由，有着明澈活泼的个性。而对眼前这个学贯中西的青年才俊，她也是欢喜不已。

于是，在一个又一个秋虫吟唱的夜间，他想着她的容颜与气息，辗转无眠。他想了一百个理由去表白，想告诉她，他爱上了她。可是，他很快又想了一百个理由来压倒自己的想法，他是有妇之夫，是一个孩子的父亲，道德、伦常、约束，都来告诉他，不可以那么做。

他想起幼仪。那个沉默寡言的妻，尚在硖石古镇，安静又朴实地守着一纸名分，梦随寒漏夜夜长。

然而没有爱情的灵魂，是不是破碎的灵魂呢？就像破碎的水晶，散布在枯草丛中，痴痴仰望着天穹中完满的星光，流下破碎的眼泪，最后消泯在时间的荒野里。

没有爱情的婚姻，是不是一只茧呢？被命运的丝，一层一层缠绕，一层一层包裹……裹在里面的人，甚至连心都看不到了，于是便相信那心，是真的死了，便愿意闭眼和衣而睡，直到那层壳，真的变成了坟墓。而有的人，却愿意受尽涅槃之苦，向着外面的自由与光明，生生剥离掉躯壳，破茧成为美丽的蝶，用第二次生命，纷飞于红尘之中，哪怕只是朝生暮死。

深意

月，我含羞地说，
请你登记我冷热交感的情泪，
在你专登泪债的哀情录里：

月，我哽咽着说，
请你查一查我年表的滴滴清泪，
是放新账还是清旧欠呢？

——《小诗》

水底月是天上月，眼前人是心上人。

1920年的初冬。初冬的月光，是哀凉又多情的，有被岁月深埋至久的慈悲，又有着神性的温柔质感，顷刻渗透人心，洞悉世间的一切悲欢。

月亮本是懵懂之物，只因一个人心有难抑的焦灼，便频频对月色施加心念，试图从那茫茫鸿蒙中探知一点因果缘由，来免除含羞与哽咽交缠的苦痛，来获得妥善的双全之法。

这时，徐志摩与林长民的“情书游戏”依然在进行。心中情感一旦有了归处，便不会再像之前那般无枝可依。渐渐地，徐志摩写给林长民的情书，便越发地活色生香了起来。

被思念折磨的徐志摩，选择了用写情书的方式，来向林徽因表白。毕竟，文字是通往一个人内心最近的路。在信中，徐志摩告诉林徽因，他爱上了她，那爱，有多么热烈。他想，无论结果如何，他都要真真切切地知晓她的心意。

但林徽因还只是个十六岁的小女子，少女的羞涩，将掩埋世间一切热烈。她把信交给了父亲，想听听父亲的意见。林长民读罢那封信，也着实吓了一跳。对于林长民来说，他喜爱徐志摩的才情与人品，但徐志摩却不是他期望中的女婿人选。徐志摩有妻室幼儿，又要如何许他的徽因一个美好未来？他遂代女儿回信：

“足下用情之烈令人感悚，徽亦惶恐不知何以为答，并无丝毫mockery（嘲笑），想足下误解了。”信尾有“徽言附候”。

还好，林长民与徐志摩之间并没有因此产生隔阂。林长民还是那个写信言欢的知己，林徽因还是那个明澈如溪的女孩。只是，在徐志摩的心底，明显多了一层怅惘。

“请你查一查我年表的滴滴清泪，是放新账还是清旧欠呢？”

他问月。月无言。窗外是死一般的寂静，与广袤无垠的孤独。比孤独更可怕的，是一个人疯狂的想念。

所爱隔山海，山海不能平。在痛苦与压制中，他依然强烈地想念着徽因，形同魔咒，形同窠臼，是那样手足无措，欲罢不能。她近在咫尺，却好似远在天涯。

莫非真如罗素所说，爱情，实在是使人心醉神迷，可引领着你通往天堂，几小时的爱的喜悦，足可让人献出生命中的一切？徐志摩终于体会到了罗素的那种对爱情的感觉，“如阵阵巨风，挟卷着我在漂泊不定的路途中东飘西荡，飞越苦闷的汪洋大海，直抵绝望的边缘”。

可以飞越吗？如若飞越，又会有绝处逢生的希望吗？

徐志摩不知道。但是，他却希望能见一见幼仪，让幼仪来英伦。家中已许久不曾来信，想来还是在为他离美赴英之事心怀耿耿。幼仪是经年未见，她是否也有了一些改变？至少，他还是隐隐期盼她有所改变的，就像期盼能立即直面道德与婚姻的束缚，并用那样的束缚的力量，来冲一冲自己迷糊的脑子。

而潜意识里，他或许并不曾知，他也希望她能接受新式的思想与教育，以至日后他提出离婚，便不会太过心惊，受到伤害……思至此，他越发难遣愁伤，便也越发自怜幽独，遂即提笔蘸墨，满心恳切地给家中写了一封书信：

儿自离纽约以来，过二月矣！除与家中通电一次外，未尝得一纸消息。儿不见大人亲笔恐有年矣。儿海外留学，只影孤身，孺慕之私，不俟罄述。大人爱儿岂不思有以慰儿耶？……从前鈖媳尚不时有短简为慰，比自发心游欧以来，竟亦不复作书。儿实可怜，大人知否？即今鈖媳出来事，虽蒙大人慨诺，犹不知何日能来？张奚若言犹在耳，以彼血性，奈何以风波生怯，况冬渡重洋，又极安便哉。如此信到家时，犹未有解决，望大人更以儿意小助奚若，儿切盼其来，非徒为儿媳计也。

信件如期到达江南。江南的冬季，阴冷潮湿，云山千叠。幼仪坐在幽深的古宅里，以纷纭静默，守得黯黯云开。她的心里，漫山遍野的喜悦，正寂静地盛开着，只是不溢于言表。虽然她的二哥之前已经跟徐申如提过，夫妻长期分离，只会让两人的心愈分愈开……那也正是她的隐忧与阵痛。但这一次，是徐志摩，她的丈夫，亲自恳请家中让她出行。他说，他需要她的陪伴。多好。在她尚未将期盼遗失的时候，但愿一切都来得及。

三个星期后，张幼仪到达法国的马赛港口。那一日，徐志摩穿着一件黑色的毛大衣，脖子上围了一条白色的围巾，站在人群中，显得俊逸非凡。不知是心生怯意，还是离别太久，张幼仪看着丈夫，眼神中竟流露出木讷与闪躲。徐志摩在她的脸上，读不出一丝让人心动的线条，一切的一切，都是那样寡淡无味。简单的询问，机械的回答。他神情冷漠地接过她的行李，心里便渐渐有失望泛上来。

他还是那样冷漠。她从他的冷漠中感觉到，他对自己，其实并无想念，也并无爱情。那爱情是什么模样呢？被一个男子疼爱是什么滋味呢？先前的喜悦与憧憬，瞬间就被风吹散了，消失了。她想一想，心里就觉得悲哀与疼痛。

但疼痛令人清醒。她何尝不心如明镜——爱情绝对不是她与丈夫之间的那样。

马赛港口的风，总是那么大。吹得人脑海里空荡荡的。可那一刻，空气却无端地，在这一对久别重逢的夫妻面前，尴尬地凝滞了。

回英伦，他们必须先从马赛乘坐火车到达巴黎，然后转机。走在巴黎的街道上，到处是香艳而时尚的法国女子。她们像美人鱼一样穿梭在繁华的浪漫之都，越发衬托出幼仪的简朴，与不合时宜。

徐志摩为张幼仪挑选了几件衣服后，还未来得及观看巴黎的风景，就逃也似的携着她，乘坐上了飞往伦敦的小型客机。那是幼仪第一次乘坐飞机。她显得惶恐而拘谨，新换的洋装也弄得满是褶皱。机舱极小，天气又恶劣，她便忍不住呕吐了，还差点吐到自己的帽子里。还好徐志摩机警，取了纸袋给她。可是，在飞机上，徐志摩还是说了一句伤害她至深的话，他看着她狼狈又无助的样子，不但没有心疼她安慰她，反而还发泄一般地说了她一句——真是个乡下土包子。

时隔数年，张幼仪还是《闺训》里的那个三从四德的旧时女子，她的装扮是保守的，性情是保守的，表情是保守的，就连她的委屈与伤心，也是保守的。

而那些保守，若缺了传统思想的维系，在所谓的新潮面前，就会立刻变得面目全非。深受西方风气影响的徐志摩，对她本就没有爱情，何况心里还装着另外一个女子，又哪里能够包容疼惜她的保守、她的狼狈？那时，在他眼里，那些种种，几乎等同于畸形。

于是，他蜷缩成一只急于退避的刺猬，将柔软的内心收了起来，却选择用浑身的锋芒与尖锐，去对待她。

冬有冬的来意，
寒冷像花，——
花有花香，冬有回忆一把。
一条枯枝影，青烟色的瘦细，
在午后的窗前拖过一笔画；
寒里日光淡了，渐斜……
就是那样地
像待客人说话
我在静沉中默啜着茶。
——林徽因《静坐》

那么林徽因呢？她像一场风暴，已经席卷了徐志摩整个的心爱与心疼。她是冬日里明媚的花香，轻盈如烟，静坐若茶。她说寒冷像花。只有心中有爱的人，才会感觉寒冷像花。

如果不曾在光阴里深深辗转，谁还去念着回忆说从前？多年后，她在午后的窗前拖过一笔画，用漫卷的心思，跟清瘦枯枝，跟疏斜的茶影天光，说着彼时的冬天，季节来处的无尽深意。花有花香，冬有回忆一把。只是不知道，她的那一把回忆里，有多少烟霭纷纷，有多少沧海难为，又有多少欲说还休。

而时间留给我们物是人非的感叹，从来不会与肉身一起腐烂，又是多么残酷的赐予。但静沉如她，慧心如她，这世间又能有几分山河岁月，不能化解为她生命中的清景良辰?

人说情感是由前生之缘分与今世之怜爱所产生。而缘分是水，怜爱是土，只有两者结合，幸福才能结果。徐志摩对幼仪无爱，所以，他们的婚姻，一开始就毫无养分，便注定不得善终。即便有了宿命布置的缘分，那样的感情，也终究是开不出花来。

挚友

举世扰扰众人醉，先生独似青人雪；
高山雪，青且洁，我来西欧熟无睹，
惟见君家心神折。
嗟嗟中华古文明，时埃垢积光焰绝，
安得热心赤血老复童，照耀寰宇使君悦！
——西游得识狄更生先生，每自欣慰，草成芜句，聊志鸿泥。

鸟儿有巢，蜘蛛有网，人类有友谊。当时间在文字里温暖地发酵，如鸿鸟在雪泥上留下清晰的爪印，回忆里的契机便有了光芒，一切将有迹可循。而这世间因缘，竟是如此时时凌驾于光阴之上，变幻莫测，环环相扣。

1921年春。这是徐志摩深感抑郁和追求新方向的一段时期，因为林长民的介绍，他认识了狄更生（G.L.Dickinson），并由此步入那场惊心动魄的康桥恋歌，灵魂身心皆被照亮。

狄更生是英国的著名作家，也是当时剑桥皇家学院的教授。早在美国留学之时，徐志摩就读过他的《中国的来信》，被他的文采与风度深深感染，“文字的美，得未曾有，一字不多，一字不少，好像涧水活流一样”。而他，正好是个慈祥温和的老人，仿佛就是美德的使者。他甚至笑称，自己的前生就是炎黄子孙，故十分向往中国文明，也好与中国人亲近。早年在中国游历，他就曾登过泰山，拜谒过孔庙。他关心爱与真，希望人心向善，崇尚老子“人法地，地法天，天法道，道法自然”的思想，提倡古希腊似的生活。同时，他又热爱歌德、雪莱等作家的浪漫之风，且性情慷慨睿智，公正无私，幽默风趣，举止音容就像午后的春阳，带着强烈的暮年的朝气，总是给人以大方无隅之感，非常舒适，非常振奋。

与狄更生熟识后，徐志摩就把他当成了英国的梁启超，是挚友，更是恩师。徐志摩对爱情痴，对友情亦痴。狄更生是他仰慕的高山之雪，圣洁清正，皎皎如明月，可耀寰宇，可纳百川。狄更生在学院时，他会经常去他那里畅谈，而狄更生不在时，他依然会去他的宿舍门口枯坐，一坐就是几个钟头。狄更生一颗友爱之心，可给人带来肝胆相照的欢悦，一腔赤忱之血，又可点燃他灵魂的热度。

徐志摩把家藏康熙五十六年石印本《唐诗别裁集》赠送给狄更生，并在扉页上用毛笔题写了两段献辞。一段为“赠狄更生”，另一段为，“书虽凋蠹，实我家藏，客居无以为贶幸，先生莞尔纳此，荣宠深矣。徐志摩敬奉”。不久后，徐志摩又请画家傅来义（Rogre Fry）画了他的大幅肖像，一来可待日后回国装裱悬挂，二来也是给自己的感念与热爱一个完整又珍贵的交代。

几年后，徐志摩在与傅来义的通信中提及狄更生，提及英伦的那场最大的机缘，如同跟人分享一个易逝又感动的秘境，连思维末梢都是兴奋而悸动的：“英伦的日子永不会使我有遗憾之情，将来有一天我会回思这一段时光，并会忆念到有幸结交了像狄更生和你这种伟大的人物，也接受了启迪性的影响，那时候，我不知道自己是否会动情下泪。”

记忆永远比笔墨深远。那么，不如忆念吧，让深远渗入岁月之核。

傅来义是英国著名的画家与艺术评论家。徐志摩与他相识，又是缘于狄更生先生的介绍。傅来义也是爱好中国艺术的儒雅之士，他为人旷达，支持个人主义与唯美观点，希望能用理智与教育来消灭战争。在绘画与艺术方面，他有着超凡的造诣与天分，他的那些现代绘画的理论，也深深地影响了徐志摩。傅来义时常与徐志摩沟通，对徐志摩进行思想上的鼓舞，并跟他谈论西欧的画家流派，从塞尚谈到马蒂斯，从勃拉克说到毕加索，与他一起追寻着艺术的乐趣与恒久的美丽。

所以，徐志摩在信中对傅来义说：“你真挚的同情……带给我一种漫溢心魂而又独特无匹的感觉，我虽然尝过多种欢乐的滋味，但与此却无可比拟！我也没有办法把拨动我最深沉的心弦的那一种感激之情传递给你……”

当友情如花遍野开放，就将收获最明朗的春天。通过狄更生与傅来义，徐志摩又认识了另一位著名作家嘉本特（Edward Carpenter）。当时的嘉本特，已是年近八旬的老人，但他对人类，对自然，对自由，对美的热爱与向往，与年轻的徐志摩如出一辙。不仅如此，他还反对传统，提倡自由结婚、离婚，如此思想，对徐志摩也是一种极大的触动。

他们的交往，完全没有界限，可以忽略掉年龄而畅所欲言，就像春风与春一样契合。嘉本特的诗风，受创造诗歌自由体的惠特曼的影响较大，这也在一定程度上，间接地影响了徐志摩。譬如徐志摩后来的一些散文诗，《毒药》、《白旗》、《婴儿》、《自然与人生》等，就写得很是孤意嶙峋，反叛意识极是浓郁——有唯美的浪漫，有生命的叩问，有思索的痛楚，有撕裂的温暖，颇具有惠特曼的风范。

我昨夜梦入幽谷，
听子规在百合丛中泣血，
我昨夜梦登高峰，
见一颗光明泪自天堕落。

古罗马的郊外有座墓园，
静偃着百年前客殇的诗骸；
百年后海岱士黑辇的车轮，
又喧响在芳丹卜罗的青林边。

说宇宙是无情的机械，
为甚明灯似的理想闪耀在前？
说造化是真善美之表现，
为甚五彩虹不常住天边？

我与你虽仅一度相见——
但那二十分不死的时间！
谁能信你那仙姿灵态，

竟已朝露似的永别人间?

非也!生命只是个实体的幻梦:
美丽的灵魂,永承上帝的爱宠;
三十年小住,只似昙花之偶现,
泪花里我想见你笑归仙宫。

你记否伦敦约言,曼殊斐儿!
今夏再见于琴妮湖之边;
琴妮湖永抱着白朗矾的雪影,
此日我怅望云天,泪下点点!

我当年初临生命的消息,
梦觉似的骤感恋爱之庄严;
生命的觉悟是爱之成年,
我今又因死而感生与恋之涯沿!

同情是掼不破的纯晶,
爱是实现生命之唯一途径;
死是座伟秘的洪炉,此中
凝炼万象所从来之神明。

我哀思焉能电花似的飞骋,
感动你在天日遥远的灵魂?
我洒泪向风中遥送,
问何时能勘破生死之门?

——《哀曼殊斐儿》

在文字中翻阅一个人的记忆，就像聆听他灵魂的歌声。从郁达夫到蒋百里，从威尔斯到魏雷，从陈西滢到林长民，从狄更生到嘉本特……在那一片友情的春野，他是在云端拥抱阳光熟睡的孩子，忘却世间的忧愁。那是属于他的明朗秘境，他珍爱它，就像珍爱生命里的浓情与疏狂。

然而，还有一个人，她分明是他一生的挚友，却并不属于那里。你们分明有过二十分不死的时间，却仿佛是经历一场虚妄的梦境，经历一场稍纵即逝的滂沱月色——璀璨如焰火，纯粹如水晶，永恒如琥珀。

要如何说出那一次时光间隙里的相逢呢？

她是凯瑟琳·曼斯菲尔德（Katherine Manthfield）。徐志摩称她为曼殊斐儿。她出生于新西兰的威灵顿，是一位著名的短篇小说作家，更是新西兰文学的奠基人，被誉为100多年来新西兰最有影响的作家之一。她早年留学英伦，后又四处漂泊，一生与文学不离不弃。她以女性的生存处境为创作形式，并用文学与知识的力量，在女性解放的重大社会问题上，提供了独特的解救之道，非常值得尊敬。

曼殊斐儿不仅才情超凡，且生得高贵慧美，身上有通透的仙气，脱尽尘埃。如她的朋友汤林生所描述："曼殊斐儿以美称，然美固未足以状其真，世以可人为美，曼殊斐儿固可人矣，然何其脱尽尘寰气，一若高山琼雪，清彻重霄，其美可惊，而其凉亦可感，艳阳被雪，幻成异彩，亦明明可识，然亦似神境在远，不隶人间，曼殊斐儿肌肤明皙如纯牙，其官之秀，其目之黑，其颊之腴，其约发环整如鬈，其神态之闲静，有华族粲者之明粹，而无西艳伉杰之容。其躯体尤苗约，绰如也，若明烛之静焰，若晨星之澹妙，就语者未尝不自讶其吐息之重浊，而虑是静且澹者之且神化……”

那样的仙气，又充满了对苦难的同情，对黑暗的批判，对光明的向往，打动了罗素、劳伦斯等众多文学家，劳伦斯还把她写进了作品中。徐志摩读过她不少著作，早就被她的才气与美丽所折服。他迷恋她的文字气息，迷恋她设置于书中的情节，那都是无比美妙无比神奇的体验。

彼时，曼殊斐儿寄居在英国，徐志摩碰巧认识她的丈夫麦雷。麦雷是伦敦杂志的主笔，他们都喜欢俄国的作家契诃夫。共同的爱好，一下子便拉近了彼此的距离，于是，徐志摩决定去拜访麦雷的妻子，也是他心目中的女神——体弱多病的曼殊斐儿。

文字的力量，终是太过单薄，光阴如此绚丽，又如此苍白，可需要怨恨的，还远远不够需要感激的，叹只叹，记忆真的是太过奢侈。

天雨地湿。徐志摩永远记得，那一夜，他独自冒着雨，心里揣着在伦敦的街头询问到的她的住处，彭德街第十号的屋子。路灯下，他低下清秀的脸，看到自己孤独而兴奋的影子，被雨水一点一滴穿透。他记得那一夜雨水的香气，与不朽的回忆一样，他想念一次，便疼痛一次，便迷失一次。只是彼时的他并不曾知晓，那便是他第一次，也是最后一次与她的会见。

> 至于她眉目口鼻之清之秀之明静，我其实不能传神于万一；仿佛你对着自然界的杰作，不论是秋水洗静的湖山，霞彩纷披的夕照，或是南洋莹彻的星空，你只觉得它们整体的美，纯粹的美，完全的美，不能分析的美，可感不可说的美；你仿佛直接无碍地领会了造化最高明的意志，你在最伟大深刻的戟刺中经验了无限的欢喜，在更大的人格中解化了你的性灵。我看了曼殊斐儿像印度最纯彻的碧玉似的容貌，受着她充满了灵魂的电流的凝视，感着她最和软的春风似的神态，所得的总量我只能称之为一整个的美感。她仿佛是个透明体，你只感讶她粹极的灵彻性，却看不见一些杂质……
>
> ——《曼殊斐儿》

曼殊斐儿的声音也极美。幽静的灯光下，她苍白的面色近乎透明。“仿佛蔚蓝的天空中一颗一颗的明星先后涌现”，因为肺病缠身，她的声带变得脆弱如瓷而不能高声说话，轻轻的音句，让空气萦绕上一层独特的神秘气息，有着至死荼蘼的美感与幻感，像梦里，似前生。

曼殊斐儿告诉徐志摩，前一段与罗素夫妇的相处，让她对中国的景仰转化成了爱慕。她喜欢读阿诺德翻译的中国诗，但还是希望他日后能翻译一些……

他们也谈到政治。曼殊斐儿的眉头微微皱起来，她希望徐志摩不要沾染上政治，不论哪一国的政治，都是残暴与罪恶。徐志摩想有机会先翻译一下她的小说，但必须先得到她的同意。她随即谦虚地欣然答允。然后，他们相约去瑞士的琴妮湖泛舟游玩，让身心与蓝天碧水、清风白云合为一体。

然而，一见永别。上天收回了赐予她的病痛与爱宠，就在徐志摩与她会面的半年后，年仅34岁的她，就永远离开了人世。徐志摩以艳丽蓬勃的诗文哀之悼之，痛之念之，并由此对美的本能，有了更新一层的认识。

“任天堂沉沦，地狱开放，毁不了我内府的宝藏”，上帝给了他进入天堂的密钥，他将用来开启艺术之门。之后，徐志摩又翻译了《曼殊斐儿小说集》，以文学为己任，终生远离政治，如此，也算不负那一场二十分不死的时间。

从一颗沙里看出世界，天堂的消息附着于一朵野花。而那二十分不死的时间，却洞穿不了生死，亦感动不了神明，便注定成为一个人灵府深处的幻美暗疾。

康桥

……

一大块透明的琥珀
千百折云凹云凸
南天北天暗暗默默
东天中天舒舒阖阖
宇宙在寂静中构合
太阳在头赫里告别
一阵临风
几声“可可”
……

晚霞在林间田里
晚霞在原上溪底
晚霞在风头风尾
晚霞在村姑眉际
晚霞在燕喉鸦背
晚霞在鸡啼犬吠
……

攀折几茎白葩红英

笑盈盈翳入绿荫森森
跟着肥满蓬松的“北京”
罂粟在凉园里摇曳
白杨树上一阵鸦啼
夕照只剩了几痕紫气
满天镶嵌着星巨星细
田里路上寂无声响
……
——《康桥西野暮色》

康桥。西野。暮色。单是这几个词组合在一起，就已是一首临风拂动的诗。琥珀一样的晚霞，会有多让人着迷呢？他喜欢琥珀的天然与恒久，也喜欢它的沉寂与温柔。一滴松脂，如一滴硕大的眼泪，不能早一步，亦不能晚一步，突然就粘住了浮生与红尘，从此时光凝结，永不消逝。

在夕阳的余晖中，竟也生出了青石巷中琥珀色老酒的醇香。将那香一口饮尽了，会不会就沉醉得不知归路？用一支竹篙打破那寂静的夜空吧，让天穹温柔地碎掉，不肯落下的，变成大大小小的星子，肯落下来的，变成大大小小的蛙鸣……

1921年春，在狄更生的帮助下，徐志摩以特别生的资格，进入剑桥（康桥）大学皇家学院学习，并可以随便选课听讲。

“康河右岸皆学院，左岸牧场之背，榆荫密覆，大道纡回，一望葱翠，春尤浓郁，但闻虫鸟语，校舍寺塔掩映林巅，真胜处也。迩来草长日丽，时有情耦隐卧草中，密话风流……就我个人来说，我的眼是康桥教我睁的，我的求知欲是康桥给我拨动的，我的自我意识是康桥给我胚胎的。”

康桥成为徐志摩的精神故乡，给他灵魂以新生。在康桥，朋友的影响，氛围的熏陶，让他对诸类艺术的兴趣日益浓重，固定成型。他的文学天赋，也开始呈现出惊人的势头。他聆听着学院与乡村的音籁，阅读着西欧的各种著作与诗歌，将烦恼与孤独托付给无涯的空灵，将赤忱与热血灌入沸腾的笔尖，追求着自然鲜明的纯朴与爱，又用最虔诚的姿态接受着康桥的洗礼。

连康河边的垂柳也知晓——属于徐志摩的康桥时代，就要来临了。

同年初夏。徐志摩与张幼仪从中国同学会搬到沙士顿居住。沙士顿离康桥有六英里，受康河的波光辐射，也是出落得极富灵气和诗意。那里南风薰陌，草木苍翠，漫天的云霞下，清风一推，麦浪就起伏得像农人的笑声。徐志摩每天骑着自行车往返于学院与居所之间，光阴仿佛被清闲宁和的生活安抚得棱角全消。

张幼仪的照料是周全的。她承担了家中的一切事务，她从硖石养尊处优的少奶奶，一下子就变成了一个会洗衣做饭、能买米买菜、本分又勤劳的小妻子。徐志摩为她请了女老师，教她英文以及西方知识，希望她能早些融入西方的那片世界，成为一位彻头彻尾的新式女性。闲时，他也会带她去看电影，看赛舟，与朋友交往，参加一些社交活动。在旁人看来，夫妻俩似乎是举案齐眉的。张幼仪的话总是极少，在徐志摩面前，也总是小心翼翼的，就像一株谨慎而沉默的植物，用整个谨慎而沉默的世界，衬着丈夫的光芒。

可张幼仪分明心有深渊，渴望被阳光照耀与温暖。所以，她又怎会不知，她与丈夫之间缺少了什么，她又怎会不知，自己看似相敬如宾的婚姻生活，实则是变相的疏离？

有朋友来家里时，徐志摩会非常活跃地与他们谈论哲学，谈论战争，谈论艺术，话题总是源源不断。而若是换作他和妻子单独相对时，则是能不说话就不说话，能不在家就不在家。即便是饭菜不合他的胃口，他也不会发表任何意见。空气是冰冷的，他也是冰冷的，可她无力改变，她只能把自己的惶然、怅惘、失落，都沉默在更深的沉默里，依然不懂要怎样才能讨得他的欢喜。

张幼仪也会想，难道是徐志摩变了心？可他的心，又何曾在她身上过……那是他遇见了爱情？那会是什么样的女子呢？她甚至想，如果他要娶回来一个小妾，她也是甘愿的，只要他高兴。

我说你是人间的四月天；
笑响点亮了四面风；轻灵
在春的光艳中交舞着变。

你是四月早天里的云烟，
黄昏吹着风的软，星子在
无意中闪，细雨点洒在花前。

那轻，那娉婷你是，鲜妍
百花的冠冕你戴着，你是
天真，庄严，你是夜夜的月圆。

雪化后那篇鹅黄，你像；新鲜
初放芽的绿，你是；柔嫩喜悦
水光浮动着你梦期待中白莲。

你是一树一树的花开，是燕
在梁间呢喃，——你是爱，是暖，
是希望，你是人间的四月天！
——林徽因《你是人间的四月天》

林长民与林徽因还住在伦敦。自从搬到沙士顿后，徐志摩与林徽因见面就不得不减少。林长民经常长久外出，便只能独留徽因一人在家。

“我一个人住在一个大屋子里，外面下着雨，白天独自一人在大房间里看书，晚上一个人坐在一个大饭厅里吃饭，垂着两条不着地的腿，还有两条垂肩的发辫，一面吃饭，一面用嘴咬着手指头哭……这时候，总希望生活中有浪漫的事情发生，或是有个人叩门进来坐在对面同我谈话，或是同坐在楼上的火炉边给我讲故事，最要紧的还是有个人来爱我。而实际情况却是天天在下雨，竟没有一个浪漫聪明的人走来同我玩……”

1937年，林徽因给友人沈从文写信，回忆起少女时代的那段光阴，像回望一个青涩的阴影，笔触都是湿答答的，依然有时间难以晾干的孤单。尽管，那阴影与孤单，最终因为与一个男子的爱情，生出过无可比拟的细微的光艳，也生出了无穷无尽的缥缈的遗憾。

1927年，林徽因在美国留学时遇到另一位友人胡适。她在写给胡适的信中说："请你告诉志摩我这三年来寂寞受够了，失望也遇多了，现在倒能在寂寞和失望中得着自慰和满足。告诉他我绝对的不怪他，只有盼他原谅我从前种种的不了解。但是路远隔膜误会是所不免的，他也该原谅我。我昨天把他的旧信一一翻阅了。旧的志摩我现在真真透澈的明白了，但是过去，现在不必重提了，我只求永远纪念着。"

永远纪念着。也罢，也罢。就让生命中唯一的悔意，唯一的原谅，都精炼成一首短诗，给时光检阅，给心引渡。就让心将所有的过往，封存成一颗琥珀，能有多永恒，就有多通透。然后，让骄傲继续骄傲。只有爱情，才能看见她低入尘埃的欢乐。

彼时，徐志摩再一次试探着给林徽因写信。一封，两封，三封，愈来愈多。从问候，到关切，到想念。渐渐地，林徽因对徐志摩，便开始有了回应。她给他回信，一封，两封，三封，愈来愈多。从羞赧，到欢悦，到期盼。

初恋，原是如此之美。爱情，柔嫩喜悦。在那样的异国他乡，少女的心扉，是一座小小的寂寞的城。在那样的人间四月，爱是夜夜的月圆，他是正好路过她寂寞的人。他聪明、热情、文采飞扬、体贴温柔，在鱼雁往返中给她带去了一树一树的花开，细雨一般的星子。她便做了他梦中期待的白莲，接受百花的祝福。

伦敦与沙士顿之间的邮件可当天往来，所以，他们基本上每天都能收到对方的信。为了防止他人发现，他们还常用英文写信。他们保存着那样一个甜蜜的秘密，甜蜜的忧愁，就像呵护着一朵梦寐的花香，一个寄托了情感，一个渗入了灵魂。

徐志摩与张幼仪开始出现争吵。他将压抑、不满、怨恨，以及无懈可击又无路可逃的负罪之感，统统都转化在了狂暴的语气里，由争吵奔泻而出。他对着幼仪吼："我想离婚，我想离婚！"

而幼仪，只是将争吵当成一种残酷的幻觉，将他的发泄当成一个清醒的噩梦。除了更加沉默，更加谨慎，更加贤良，她真的不知道，自己还应该做些什么。

如果隐瞒和坦诚都是伤害，徐志摩想，他应该选择坦诚。

几个月后，徐志摩告诉张幼仪，他是真的想与她离婚，因为他已经有了明确的灵魂伴侣。现在，此刻，不，立马，他就要去追求自己的心中所爱了，他要做中国第一个离婚的男人，再也不要被旧式的婚姻所禁锢，再也不要为了所谓的忠孝节义委屈自己。

更何况，徽因有言在先："我不是那种滥用感情的女孩子，你若真的能够爱我，就不能给我一个尴尬的位置……你必须在我与张幼仪之间做出选择，你不能对两个女人都不负责……"对于徽因而言，不能光明正大地将她娶进门来，那简直是一种耻辱，若还要跟人分享一个丈夫，那便是无可救赎的悲哀了。那么连她自己都不会原谅自己。

可幼仪却告诉徐志摩，她怀孕了。而当她一字一句地听到，徐志摩说要把孩子打掉时，她才知道，自己的婚姻，真的连最后一丝希望也破灭了。她说："我听说有人因为打胎死掉了。"但她得到的却是一句比石头还冰冷的话："也有人因为坐火车死掉的，那难道就没人坐火车了吗？"

原来，爱可以让一个人疯狂至此，此刻在他眼里，孩子只是一个累赘，而打胎也只是西方式的"家常便饭"。张幼仪心底又惊又痛，她怎么都没有料到徐志摩会说出这样的话。他连自己的孩子都可以不要了，她还可以用什么去挽回？她终于要失去他了。就连一直以来的那个空空的名分、空空的躯壳，也要彻底地失去了。

青青子衿，悠悠我心。但为君故，沉吟至今。这世间最深情的人，往往也是最绝情的人。因为两者的核心，都是坚定。所以他可以对一个人锲而不舍，一诺金石，便可以对另一个人弃如敝屣，郎心如铁。

第三章 新月照人

自由

一

这烦恼结，是谁家扭得水尖儿难透？
这千缕万缕烦恼结是谁家忍心机织？
这结里多少泪痕血迹，应化沉碧！
忠孝节义——咳，忠孝节义谢你维系
四千年史髅不绝，
却不过把人道灵魂磨成粉屑，
黄海不潮，昆仑叹息，
四万万生灵，心死神灭，中原鬼泣！
咳，忠孝节义！

二

东方晓，到底明复出，
如今这盘糊涂账，
如何清结？

三

莫焦急，万事在人为，只消耐心
共解烦恼结。
虽严密，是结，总有丝缕可觅，
莫怨手指儿酸，眼珠儿倦，
可不是抬头已见，快努力！

四

如何！毕竟解散，烦恼难结，烦恼苦结。

来，如今放开容颜喜笑，握手相劳；

此去清风白日，自由道风景好。

听身后一片声欢，争道解散了结儿，

消除了烦恼！

——《笑解烦恼结·送幼仪》

这是徐志摩写给张幼仪的第一首诗。他把它当成一件新潮的离婚礼物，大大方方地送给了曾经的妻，并刊登于国内报纸上，一时惹得满城风雨。

而他，就是要告诉天下人，他是磊落的，自由是可以去争取的。他们消解的乃是烦恼之结，清算的乃是糊涂之账。对于他们的旧式婚姻，所谓的抛弃，所谓的绝情，其实只是一场挣脱与斗争。他把离婚当成是并肩作战的光明革命，当成是对封建礼教的反抗，当成是对夫妻双方的解救。如今，他要还灵魂以完整。

在诗中，他把自己想象成了一位英勇而壮烈的战士，豪情万丈，一路高歌，将“忠孝节义”挑在剑端，在黑夜一般浓稠的传统与旧习之间，挥舞着新思想的长剑，坚毅地披荆斩棘，为前方的自由和真爱而战。

1921年秋，在与张幼仪的一次争吵后，徐志摩就离开了沙士顿。衣服挂在柜子里，书本摊在桌子上，他什么东西都没带，去了哪里，也没有告诉任何人，仿佛凭空消失了一样。

张幼仪看着家中熟悉又陌生的一切，感受着他留下的熟悉又陌生的气息，恍然间想起曾经婚礼上的祝词，“朝朝暮暮，百年好合”……多么虚妄。她心中愁苦难当，又茫然无助，便只能写信向在巴黎的二哥张君劢求援。她告诉二哥，志摩已向她提出离婚要求，出走之后就未曾归家，看来婚是非离不可，而自己偏又怀了身孕，不知这孩子是要还是不要。

“张家失徐志摩之痛，如丧考妣……万勿打胎，兄愿收养。抛却诸事，前来巴黎。”二哥很快来信。幼仪再次震惊了，一时百感交集。她没有想到，徐志摩在张家人的心里，竟有着这样重的分量。而且，如果徐家二老知道她怀了孩子，又会有多高兴。她看着屋子里徐家不远万里托人捎来的瓜果，终于忍不住落下泪来。

当幼仪打点行装，携带着一身的疲惫与伤痛到达巴黎之时，短短数月，眼前景物却已物是人非。

“你总是问我，我爱不爱志摩。你晓得，我没办法回答这个问题。我对这问题很迷惑，因为每个人总是告诉我，我为徐志摩做了这么多事，我一定是爱他的。可是，我没办法说什么叫爱，我这辈子从没跟什么人说过‘我爱你’。如果照顾徐志摩和他家人叫作爱的话，那我大概爱他吧。在他一生当中遇到的几个女人里面，说不定我最爱他。”

这是幼仪老年的回忆。垂暮之年，诉说一段年轻的心事，就如同凝视一件掌心的旧物。那时桃李春艳，那时风荷婉转，那时如花美眷，都敌不过这似水流年……岁月倏然老去，拂去那老旧的尘灰一把，亦是情感已旧人已旧。除却一双眼睛里，还留着一截半截的遗梦沉淀下来的贞静，心里又还有多少轻重不可以承担，又还有什么恩怨值得去计较。

而就在幼仪去往巴黎后，徐志摩回到康桥时便得到一个令人振奋的消息——罗素回国了。这时，罗素与他的第二任妻子杜拉，结束了长达一年的游历与学术访问，已回到了伦敦，正以卖文为生。徐志摩很快询问到了罗素的地址，并写信给他，诚恳地希望能与他见面一谈。

一周后，徐志摩终于约见到了罗素，那个在他心里能与神灵比肩的哲人。如曾设想的那样，他们的那次谈话非常投机。就像观看一场焰火，有一种在半空爆发的神奇，那噼里啪啦的绚烂，让他目不暇接地惊讶，又心悦诚服地欢喜。

随着交往的密切，他们谈论的话题越来越多，也越来越深入。徐志摩开始明白，人生并不失望，人类也并不是无可救度的。救度之法，非平和不可取，而决计不是暴烈，因为暴烈只能产生暴烈。人生本来是一块铄亮的镜子，现在只不过是被灰尘掩盖，所以只要擦了灰尘，人生便可恢复光明。

但“救度人类”无疑是路漫漫其修远兮的过程，而“救度人生”——关于爱情与婚姻的取舍，却是迫在眉睫。遇到林徽因之后，他才真正明白，自己对爱情的渴望，原是如此狂热。仿佛是为爱而生，他竟可以狂热到残忍，狂热到不顾一切。

就像罗素所说的：“我之所以追寻爱情，首先，爱情使人心醉神迷，如此美妙的感觉，以致使我时常为了体验几小时爱的喜悦，而宁愿献出生命中的一切。其次，爱情可以解除孤独，身历那种可怕孤寂的人的战栗意识，会穿过世界的边缘，直望入冰冷死寂的无底深渊。最后，置身于爱的结合，我在一个神秘缩影中，看到了圣贤与诗人们所预想的天堂幻景。这正是我所追寻的，尽管它对于人类的生活或许太过美好，却是我的最终发现。”

而这时的林长民却已经携带爱女悄然回国。为何不打一声招呼就走，想必徐志摩也心知肚明——林长民并不想他与女儿继续交往。但徐志摩依旧痴心不改，天真地认为，浪漫的爱，应成为婚姻的动机。他认定只要离婚，便能换爱情更多的可能，认定林徽因当初与他的约定，断然不会更改。

“无爱之婚姻无可忍，自由之偿还自由”，徐志摩给张幼仪写信，满心希望她能好好地配合自己，在那一场“转地狱为天堂”的奋斗中，取得双方的最终幸福，并成为新时代的标榜：“故转夜为日，转地狱为天堂，直指顾间事矣……真生命必自奋斗自求得来，真幸福亦必自奋斗自求得来，真恋爱亦必自奋斗自求得来！彼此前途无限……彼此有改良社会之心，彼此有造福人类之心，其先自做榜样，勇决智断，彼此尊重人格，自由离婚，止绝痛苦，始兆幸福，皆在此矣。”

1922年早春，张幼仪由巴黎辗转到德国柏林待产。同年3月，徐志摩带着一纸离婚协议，去柏林看望张幼仪。由吴经熊和金岳霖做证，两人正式签署了离婚协议。双方落笔的刹那，徐志摩甚至是兴奋的，张幼仪则显得冷静大方——她看起来伤痛已愈，第二个孩子德生的诞生让母性的慈爱与坚强笼罩着她，她的身上，竟发出一种异样的光彩。

这时的徐志摩，已经被冲破藩篱的喜悦蒙蔽了双眼。返回英国后，他又立即将《离婚通告》和《笑解烦恼结》寄回国内，发表在报纸上。他要做中国新式离婚的第一人。

的确，这是中国近代史上的第一宗西式离婚事件，曾引得舆论哗然。因为在当时，如果丈夫不爱妻子，完全可以光明正大地纳妾，可是徐志摩却选择"甘冒世之不韪"而离婚。徐申如得知消息后，又是震怒，又是心痛。然木已成舟，徐家也只能托人送信给张幼仪，希望她能做徐家的干女儿，继续与徐家保持亲人的缘分。

随后，梁启超也写信来劝诫，可谓是情出肺腑，用心良苦：

其一，万不容以他人之苦痛，易自己之快乐。弟之此举，其于弟将来之快乐能得与否，殆茫如捕风，然先已予多数人以无量之苦痛。

其二，恋爱神圣为今之少年所乐道……兹事盖可遇而不可求……况多情多感之人，其幻想起落鹘突，而得满足得宁帖也极难。所梦想之神圣境界恐终不可得，徒以烦恼终其身已耳。

呜呼志摩，天下岂有圆满之宇宙？……当知吾侪以不求圆满为生活态度，斯可以领略生活之妙味矣……若沉迷于不可必得之梦境，挫折数次，生意尽矣，郁悒侘傺以死，死为无名。死犹可也，最可畏者，不死不生而堕落至不复能自拔。呜呼志摩，可无惧耶！可无惧耶！

但徐志摩完全听不进去，他为自己辩解道：

> 我之甘冒世之不韪，竭全力以斗者，非特求免凶惨之苦痛，实求良心之安顿，求人格之确立，求灵魂之救度耳。人谁不求庸德？人谁不安现成？人谁不畏艰险？然且有突围而出者，夫岂得已而然哉？
>
> ……
>
> 嗟夫吾师：我尝奋我灵魂之精髓，以凝成一理想之明珠，涵之以热满之心血，朗照我深奥之灵府。而庸俗忌之嫉之，辄欲麻木其灵魂，捣碎其理想，杀灭其希望，污毁其纯洁！我之不流入堕落，流入庸懦，流入卑污，其几亦微矣！

要如何不负生存的意义，是躲在现实一隅苟且偷安，还是不懈地追求灵魂的自由？徐志摩自然毫不犹豫地选择后者。他觉得，自己选择得坦荡，也将选择得持久。只有在自由里，才会有爱情，有美，有欢乐，良心才能得到安顿，才能得到救赎。从此以后，将没有任何枷锁可以禁锢他，他将主宰自己的命运、爱情、婚姻以及理想。

他还说，“我将于茫茫人海中访我唯一灵魂之伴侣；得之，我幸；不得，我命。如此而已”。

回京

河水在夕阳里缓流，
暮霞胶抹树干树头；
蚱蜢飞，蚱蜢细吻草光光，
我在春草里看看走走。

蚱蜢匐伏在铁花胸前，
铁花羞得不住的摇头，
草里忽伸出只藕嫩的手，
将孟浪的跳虫拦腰紧拶。

金花菜，银花菜，星星澜澜，
点缀着天然温暖的青毡，
青毡上青年的情耦，
情意胶胶，情话啾啾。

我点头微笑，南向前走，
观赏这青透春透的园囿，
树尽交柯，草也骈偶，
到处是缱绻，是绸缪。

雀儿在人前猥盼亵语，
人在草处心欢面赧，
我羡他们的双双对对，
有谁羡我孤独的徘徊？

孤独的徘徊！
我心须何尝不热奋震颤，
答应这青春的呼唤，
燃点着希望灿灿，
春呀！你在我怀抱中也！
——《春》

感谢生命的恩泽万千。在康桥，徐志摩是落寞孤单的云中白鹤，也是诗情爆发的自然之子。

在大自然面前，他会为了观看雨后的彩虹淋得浑身湿透，会为那震撼的恬静之美流出欢愉的眼泪。他也会带着书本去康河上游的拜伦潭，在那里痴痴地听一夜星光与流水。闲暇时，他会躺在累累的桃李树荫下吃茶，花果落入茶杯，小麻雀会到桌子上啄食，自然的和谐与优美，总是无比默契。校友居的苍白石壁上，缀满了粉艳艳的蔷薇，在风中一颤一颤的，摇出青春的呼唤。草丛边有铃兰、香草、石水仙、雏菊、蒲公英，也一齐散发出欢喜的香气。河边则是灿灿花开的栗树、曼陀罗、紫丁香，在春日的花树下买一只小船，悠悠颤颤地划去桥边看书，便会惹得多情的槐花径直飞到梦里来。而他的梦里，是满春的槐花也偷听不完的风流。

陆放翁有一联诗句："传呼快马迎新月，却上轻舆趁晚凉"；这是做地方官的风流。我在康桥时虽没马骑，没轿子坐，却也有我的风流：我常常在夕阳西晒时骑了车迎着天边扁大的日头直追。日头是追不到的，我没有夸父的荒诞，但晚景的温存却被我这样偷尝了不少。有三两幅画图似的经验至今还是栩栩地留着。只说看夕阳，我们平常只知道登山或是临海，但实际只须辽阔的天际，平地上的晚霞有时也是一样的神奇。有一次我赶到一个地方，手把着一家村庄的篱笆，隔着一大田的麦浪，看西天的变幻。有一次是正冲着一条宽广的大道，过来一大群羊，放草归来的，偌大的太阳在它们后背放射着万缕的金辉，天上却是乌青青的，只剩这不可逼视的威光中的一条大路、一群生物，我心头顿时感着神异性的压迫，我真的跪下了，对着这冉冉渐翳的金光。再有一次是更不可忘的奇景，那是临着一大片望不到头的草原，满开着艳红的罂粟，在青草里亭亭的像是万盏的金光，阳光从褐色云斜着过来，幻成一种异样的紫色，透明似的不可逼视，霎那间在我迷眩了的视觉中，这草田变成了……不说也罢，说来你们也是不信的！

——《我所知道的康桥》

梦里不知身是客，一晌贪欢。徐志摩笔下的康桥，是深埋于乱世之中的殷实梦境，带着神性的异彩，让人沉迷，也让人膜拜，更让他的情绪在乐境中升华。相思的痛苦并没有让他颓废，相反，还让他更清醒地发现了美景，享受了美景。

孤独是一个耐人寻味的现象，他经常被深沉的忧郁占据，又经常迷醉在那深沉中，将情感与自然的意念，化作指间的缤纷花雨。他在那段时间内疯狂地写作，恣意地倾向于分行的抒写——“一似狼藉春阴的玫瑰，一似鹃鸟黎明的幽叹，韵断香散，仰望天高云远，梦翅双飞，一逝不复还……”

天高云远，在紫陌红尘的岁月里，他的笔尖一如马蹄嘚嘚生风，自由自在地驰骋着，衣袂翻飞，诗情也翻飞。在诗意的那片天地里，他可以追随流光到天涯，也可以拟把疏狂拼一醉。

看一回凝静的桥影，
数一数螺钿的波纹，
我倚暖了石栏的青苔，
青苔凉透了我的心坎；

月儿，你休学新娘羞，
把锦被掩盖你光艳首，
你昨宵也在此勾留，
可听她允许今夜来否？

听远村寺塔的钟声，
像梦里的轻涛吐复收，
省心海念潮的涨歇，
依稀漂泊踉跄的孤舟；

水粼粼，夜冥冥，思悠悠，
何处是我恋的多情友；
风飕飕，柳飘飘，榆钱斗斗，

令人长忆伤春的歌喉。

——《月下待杜鹃不来》

只见幽人独往来，不见云端双鱼信。如是思绪为孤舟，但祈明月渡山河。

站在康桥之上，徐志摩细数着水中的螺钿与波纹，就像细数着回忆的点滴与褶皱。远村的钟声，听得见思潮的涨落，风吹榆钱的摇动，却听不见杜鹃的歌喉。他听着心里的温度，一点一点地凉下来，冷下来，渐渐冻结出了声音。怅惘的天空是在塔尖涤荡的青稠，而今宵的夜色，依然对昨晚的月光痴迷，痴迷得近乎天真。如果，等待真的是一生最初的苍老，又要用多少新生的时间来供思念回头?

徐志摩一直在等待林徽因的消息，自从林家父女回国之后，就再也没有跟他联系过。

世人皆说林徽因清醒。她是清醒，所以便注定，她会先徐志摩一步从那场梦幻之恋中走出来，并懂得如何让自己优雅转身，而不是仓皇逃离。

林徽因是伫立于水中央的白莲，不论盛开与枯萎，都将始终保持自己的姿势，不偏不倚，不蔓不枝，用清苦的莲心接受甘甜的赞美。哪怕她亦爱恋水中照影的白云，羡慕清风翩跹的彩蝶，哪怕她只肯在经年后的诗句中，清露似的倾泻一点早年情意："忘掉曾有这世界，有你，哀悼谁又曾有过爱恋，落花似的落尽……到那天一切都不存留，比一闪光，一息风更少痕迹，你也要忘掉我曾经在这世界里活过。"

而当时的徐志摩，还在想着她星子一般的眼眸，看着手中她清晰秀美的字迹，又怎肯相信，那一场人间四月天的相恋，原只是一次美妙的幻觉？

康桥，再会吧；
我心头盛满了别离的情绪，
你是我难得的知己，我当年
辞别家乡父母，登太平洋去，
（算来一秋二秋，已过了四度
春秋，浪迹在海外，美土欧洲）
扶桑风色，檀香山芭蕉况味，
平波大海，开拓我心胸神意，
如今都变了梦里的山河，
……

康桥！汝永为我精神依恋之乡！
此去身虽万里，梦魂必常绕
汝左右，任地中海疾风东指，
我亦必纡道西回，瞻望颜色；
归家后我母若问海外交好，
我必首数康桥；在温清冬夜
腊梅前，再细辨此日相与况味；
设如我星明有福，素愿竟酬，
则来春花香时节，当复西航，
重来此地，再捡起诗针诗线，
绣我理想生命的鲜花，实现

年来梦境缠绵的销魂踪迹，
散香柔韵节，增媚河上风流；
……

康桥！我故里闻此，能弗怨汝
僭爱，然我自有谠言代汝答付；
我今去了，记好明春新杨梅
上市时节，盼我含笑归来，
再见罢，我爱的康桥。
——《康桥再会罢》

1922年8月，徐志摩决定暂别康桥，暂别那个精神依恋的故乡，以及那些相契的师长与挚友，回国去找林徽因。“快马加鞭往前行，销魂今日进燕京”，他将那个与康桥的约定，写在深情绵长的诗歌里，以文字印证心迹——待寻着了恋人，就在明春新梅上市时节含笑归来。

徐志摩先去柏林向张幼仪辞别。数月不见，幼仪已经彻底走出了离婚的阴影。她在柏林学习幼儿教育，她的刚强与志气让他由衷地高兴。聊着德生的成长，彼此的近况，话题轻松而自然。真没想到，历经命运的捉弄与人世的辗转，他们终是成为相互信任、相互理解的亲人。

彼时，罗素夫妻也在柏林，徐志摩希望能与他们见上一面，但因为时间的差误，终又错过。于是，徐志摩在幼仪的住所留了一封信给罗素，并让幼仪帮忙转达。然后，带着欣慰与些微的遗憾，他告别幼仪母子，取道巴黎、马赛，乘坐轮船漂洋回国。

徐志摩搭乘的是日本远洋客货轮三岛号。轮船停泊在马赛港口，停泊在凝重的空气中。欧南的空气里，流淌着铁质的阴冷坚硬，不由得令人心情惨淡，便倍增离别之伤感。他心有深愁，亦心有深爱，怅然与憧憬交杂，身体里便有万千思绪横冲直撞。四年的海外生活，让他遗失了最初的梦想，却也唤醒了不朽的诗情，让他遇见一段最美的恋歌，却也伤害过一个良善的女人……

而人的一生能有多少个四年，需要我们去珍惜，又有多少光阴追不回的得失，值得我们去换算。

他看到莱茵河边鸠面青肌的难民，看到战争过后的凄惶遍地，便更加向往干净的人道，真挚的人情。此地景物已非昨，不堪回想。他开始强烈地想念家乡的长梗菜饭，想念青石巷里醇厚的糯米酒香，想念祖母充满慈祥的笑，以及徽因那白莲一般的面容。

在蓝色的印度洋上，徐志摩度过了那一年的中秋。秋意一寸一寸地迎接着他，由清淡，到深浓。黄昏时分，云霞会掩住落日的光潮，海水转幻成幽幽的暗蓝，海天之间，便寂静恢宏得如同一场盛大的默祷。通常是萧疏零落的雨声过后，藕荷色的月光就会应约而来。青蓝的夜空中，月色悬浮在神性与生灵之间，显得格外孤独与浪漫。

沉醉的情泪自然流转，缱绻的诗魂漫自低回。从燃起古铜香炉的恒河，到幽静的爱尔兰海峡，从海尔佛林雄奇的高峰，到姣美秀丽的新加坡，多情的月光洒下一路清辉为印记，经过二十几天的海上行程，他终于回到阔别四年的祖国。

飞飏

假如我是一朵雪花，
翩翩的在半空里潇洒，
我一定认清我的方向——
飞飏，飞飏，飞飏，——
这地面上有我的方向。

不去那冷寞的幽谷，
不去那凄清的山麓，
也不上荒街去惆怅——
飞飏，飞飏，飞飏，——
你看，我有我的方向！

在半空里娟娟的飞舞，
认明了那清幽的住处，
等着她来花园里探望——
飞飏，飞飏，飞飏，——
啊，她身上有朱砂梅的清香！

那时我凭借我的身轻，
盈盈的，沾住了她的衣襟，

贴近她柔波似的心胸——

消溶，消溶，消溶——

溶入了她柔波似的心胸！

——《雪花的快乐》

在半空，纷纷开且落，那是雪花的姿态——寂寞，空灵。心里藏着自己的热烈，自己的清幽，不需要谁来懂。用一种向下的飞扬，用一种扑火的孤绝，在天地之间舞动一场洁白的燃烧。

徐志摩说自己是一片雪花，有自己的洒脱，亦有自己的低回。他用今生的率真与神秘，迷恋着世间一切美好的物事，就像迷恋那美好的人儿。他以灵魂的自由为方向，用整个生命的激情去靠近。他视爱情为福地，不顾一切地离开凄清山谷，只为能在爱的怀抱里消溶。如若可以，他还愿意在逝水河畔卸下所有的前尘，走过丛生的坎坷与荆棘，只为在她皎洁的眉心，点上一滴守候来世的朱砂。

而人生是一场单刀赴会，何以相伴，何以永恒？当爱情如花开落，当沧海一泪凝成，当所有的荆棘与观众一一准时离场，再金戈铁马、盛烈倾城的宴会，也将沦为一个人的悲壮……

1922年10月15日，徐志摩带着四年的成长与风尘，终于抵达了上海港口。秋日的天空，有着瓷器般脆弱而古朴的幽蓝。宁静的天光，无比慈爱地笼罩着繁华的十里洋场。码头上，灯火渐次升起，他终于见到了久违的父亲与亲友们。数年未见，父亲两鬓新添的几根白发显得格外刺眼，让他心头蓦地一酸。当温暖的乡音，亲切的问候，隔着晚风将眉间的稚子沧桑细细抚平时，他还是忍不住流出了咸热的眼泪。

回到硖石，阿欢已经可以满地淘气了，祖母却变得越发苍老体弱。山在，水在，岁月在，易变的只是人生与世事。他看着家中熟悉的一切，突然就急切地希望，能重拾一些微茫的孝道。

在那个深秋，徐志摩陪着祖母去普陀山烧香。普陀犹如苍龙卧海，在空寂的蓝天之下，呈现出虚实难辨的水天蜃楼之境，非常神秘。有各式香客四聚而来，在佛殿前熙熙攘攘。他看着年迈的祖母跪在空门无涯的蒲团之上，竟虔诚如剔透婴孩，她口中念念相求慈悲为怀的观音大士，能赐徐家香火延绵，家业兴旺，能佑她孙儿前程似锦，福寿永年。

他亦陪同父亲去南京参加成贤学舍的讲学活动。该学舍是当时国内佛经的最高学府，由佛学大师欧阳竟无先生主持，吸引了来自全国各地的学者。他虽对佛学无甚兴趣，但还是坚持每天早起听讲与记载笔记。

在空闲之余，他会去玄武湖观看蒹葭苍苍，并深切想念身在京城的伊人。深秋的黄昏，玄武湖的芦花簌簌如雪，而烟柳已残，荷花已败，夕阳将紫金山镀上一层金色的光影，又苍凉又温情。暮色四合时，城头会有钟声响起来，惊起芦苇丛中的野鸭无数。那些野鸭扑棱棱地腾空而起，又转即化作天空中的墨迹点点。鸭鸣与满湖的芦花沉醉似的飞舞着，那种清凉缠绵的意境，真是不可以用言语来比况。

月光下的芦荻更美，是灵魂安静时的银色，是温柔的文人们笔下天生的诗题。徐志摩将其称之为“秋之魂”，又把那次神奇的体验用英文写成了散文《月照与湖》，在不久后寄给了林徽因，当然，还有一封热烈的求爱信。

这时的梁启超正在南京授课，也常来听欧阳大师的讲学。徐志摩去拜谒恩师之时，梁启超跟他提及了一个关于振兴中国文化的计划。那个计划，已经得到了国内一部分政界与文艺界人士的参与，他希望徐志摩也能支持他，响应他，以所学之长，为“中国的文艺复兴”出一份力。

对于梁启超的提议，徐志摩很是认同。以文化救国，一直都是他的心之夙愿。虽然他已将“东方汉密尔顿”的理想遗弃在了大洋彼岸，而他对于文学与诗歌的理想才刚刚开始。梁启超的一席话，无疑让离开康桥的徐志摩，在茫茫的飞扬之中，认清了自己生命中的另一个方向——除爱情之外的，可以为之付出、为之实践的文学之梦。

就在此时，海外归来的徐志摩收到了清华大学文学社的邀请。他们想请出自英国剑桥大学的他去京城给文学社的学生作演讲，以传播西方的新文化。

徐志摩欣然接受，随即打点行装乘坐列车北上。北方有佳人，也有萧寒的景色。在车轮滚滚的咔嚓声里，窗外的风景不断后退，如逝水流年，不可追忆。而他望着窗外的景色，念及佳人的面容，却仿佛看到了一番新的人生。

1922年12月1日，徐志摩到达北京。演讲当天，清华高等科的小礼堂里挤满了几百名慕名而来的听众，他们都想一睹海外学子的风采，并感受最新奇的西方文化。“白白的面孔，长长的脸，鼻子很大，而下巴特长，穿着一件绸夹袍，加上一件小背心，缀着几颗闪闪发光的纽扣，足蹬一双黑缎皂鞋，风神潇洒，旁若无人……”徐志摩飘然而至，演讲了《艺术与人生》（Art and life），愤世嫉俗，高亢激扬，从头到尾坚持用英文宣读：

> 倘若不首先指斥文明每个人都不得不随遇而安的现行社会状况，艺术或人生便无从谈起；而对社会现状的抨击，无论怎样激烈也不会过分……我们所知的这个社会，则是一潭死水，带着污泥的脏黑，成群结队的虫蝇在它上方嗡嗡营营，在四周拥挤嘈杂，只有陈腐和僵死才是它的口味。确实，不只是极端愤世嫉俗的人才会断言，在中国，人们看到的是一个由体质上的弱者理智上的残废道德上的懦夫以及精神上的乞丐组成的堂皇国家……

对于全英文演说，当时能听懂的人少之又少，很明显，演讲是失败的，很多学生表示很失望。但尽管如此，他独特的个性依然打动了京城的许多文学之士，其中就包括极富名气的胡适、郭沫若、成仿吾等人，以及当时的清华学生梁实秋。

梁实秋在后来的文字里给了徐志摩很大的肯定，可谓懂他喜爱他的知己朋友。梁实秋说：“有人说志摩是纨绔子，我觉得这是不公道的……他对国学有很丰富的知识，旧书似乎读过不少，他行文时之典雅丰赡即是明证。他读西方文学作品，在文字的了解方面没有问题，口说亦能达意。在语言文字方面能有如此把握，这说明他是下过功夫的……志摩在几年之内发表了那么多的著作，有诗，有小说，有散文，有戏剧，有翻译，没有一种形式他没有尝试过，没有一回尝试他没有出众的表现。这样辛勤的写作，一个纨绔子能做得到吗……他的人生观真是一种‘单纯信仰’，这里面只有三个大字，一个是‘爱’，一个是‘自由’，一个是‘美’……他的一生的历史，只是他追求这个单纯信仰实现的历史。社会上对于他的行为，往往有不谅解的地方，都只因为社会上批评他的人不曾懂得徐志摩的‘单纯信仰’的人生观。”

“你若懂我，该有多好”，那么徐志摩痴恋的那个人——林徽因，她又懂得他吗？来到北京之后，徐志摩才知道，林徽因已经成了梁启超的准儿媳，与梁思成“已有成言”。

这一定又是你的手指，
轻弹着，
在这深夜，稠密的悲思。

我不禁颊边泛上了红，
静听着，
这深夜里弦子的生动。

一声听从我心底穿过，
忒凄凉
我懂得，但我怎能应和？

生命早描定她的式样，
太薄弱
是人们的美丽的想象。

除非在梦里有这么一天，
你和我
同来攀动那根希望的弦。
——林徽因《深夜里听到乐声》

其实对于徐志摩的痴情与热烈，聪慧如林徽因，又怎会不明白，可毕竟梦境太短，生命太长，尘世里的一方安稳，远比倾城的浪漫更难得。一边是父亲的劝阻和梁思成的守候，一边是昔日的情分与现实的舆论，所以，即便她懂得，也不能将那懂得说出口，更不能与之应和。哪怕是一点点不经意的松懈，也会让她好不容易筑起的防御与坚持，涣散得溃不成军。所以，彼时的她，只能将一腔意愿压在心底而佯装不知，并以滴水不漏的姿态，保全她清醒而又精致的人生。

新月

我们的小园庭，有时荡漾着无限温柔：
善笑的藤娘，袒酥怀任团团的柿掌绸缪，
百尺的槐翁，在微风中俯身将棠姑抱搂，
黄狗在篱边，守候睡熟的珀儿，它的小友，
小雀儿新制求婚的艳曲，在媚唱无休——
我们的小园庭，有时荡漾着无限温柔。

我们的小园庭，有时淡描着依稀的梦景；
雨过的苍茫与满庭荫绿，织成无声幽冥，
小蛙独坐在残兰的胸前，听隔院蚓鸣，
一片化不尽的雨云，倦展在老槐树顶，
掠檐前作圆形的舞旋，是蝙蝠，还是蜻蜓？——
我们的小园庭，有时淡描着依稀的梦景。

我们的小园庭，有时轻喟着一声奈何；
奈何在暴雨时，雨槌下捣烂鲜红无数，
奈何在新秋时，未凋的青叶惆怅地辞树，
奈何在深夜里，月儿乘云艇归去，西墙已度，
远巷薤露的乐音，一阵阵被冷风吹过——
我们的小园庭，有时轻喟着一声奈何。

我们的小园庭，有时沉浸在快乐之中；
雨后的黄昏，满院只美荫，清香与凉风，
大量的蹇翁，巨樽在手，蹇足直指天空，
一斤，两斤，杯底喝尽，满怀酒欢，满面酒红，
连珠的笑响中，浮沉着神仙似的酒翁——
我们的小园庭，有时沉浸在快乐之中。
——《石虎胡同七号》

一半海水，一半火焰；一半疯子，一半孩子。这就是诗人。心如赤子，对朋友，对生活，对岁月，对草木山川都一样。藤娘、柿掌、槐翁、棠姑……在他眼里，世间万物皆有灵性。

1923年的早春，经梁启超介绍，徐志摩在北京西单牌楼石虎胡同七号的松坡图书馆担任英文干事，主要负责外文馆的翻译工作。那里，便是他诗中所写的小园庭。那是一座典型的京味四合院，相传曾是吴三桂的住宅，后又成了清代大臣裘文达的府邸，里面有百年古槐参天而立，浓荫让宅院显得格外静幽，海棠也成了气候，引得鸟雀在枝头婉转争鸣，藤萝萦绕着墙垣，花草在风中清香四溢，气氛雅趣古朴。

对徐志摩来说，外文翻译工作是轻松而自如的，所以，他便有大量的时间用于写作与交友。他四处投发诗文，并主动与志同道合的朋友接近。他的诗歌极富灵气，且形势多变，散文更是行云流水、玲珑俊秀，如此超逸的才情，不禁让国内文学界眼前一亮。

徐志摩的演讲稿《艺术与人生》被京城创作社的《创造》季刊

采用后，他即给创造社元老之一的成仿吾写信自荐："贵社诸贤向往已久，在海外每厌新著浅陋，及见沫若诗，始惊华族潜灵，斐然竟露。今识君等，益喜同志有人，敢不竭驽薄相随，共辟新土。"当时的创造社，有诗人郭沫若在，也有徐志摩的老同学郁达夫。很快，徐志摩就与他们融洽地相处在了一起，希望能为文学与艺术共辟新天地。

但不久后发生的一件事，却让徐志摩与创造社之间，结下了深固的愁怨。在石虎胡同任职期间，徐志摩在胡适办的《努力周报》上发表了《杂记（二）坏诗，假诗，形似诗》一文。他先是旁征博引地阐述与论证了何为坏诗，何为假诗，到了收尾之时，又写了如下一段：

> 我记得有一首新诗，题目好像是重访他数月前的故居，那位诗人摩按他从前的卧榻书桌，看看窗外的云光水色，不觉大大的动了伤感，他就禁不住——"……泪浪滔滔"……我们固然不能断定他当时究竟出了眼泪没有，但我们敢说他即使流泪也不至于成浪而且滔滔——除非他的泪腺的组织是特异的。总之形容失实便是一种作伪，形容哭泪的字类尽有，比之泉涌，比之雨骤，都还在情理之中，但谁能想象个泪浪滔滔呢？

而"泪浪滔滔"一句，正是出自郭沫若1921年创作的《重过久居》一诗，写的乃是他在日本寻访旧居时的感伤之情："我和你别离了百日有奇，又来在你的门前来往；我禁不着我的泪浪滔滔，我禁不着我的情涛激涨……"

徐志摩的文章一经刊出，便立即有创造社的成员愤然指责。郭沫若也很快得知，大为心伤的他，又随即写信转告成仿吾。有“黑旋风”之称的成仿吾脾气何其刚烈，在他看来，指责郭沫若便是指责创造社，他身为创造社的骨干，又岂能容忍一个“外人”说创造社任何的不是？于是，他奋笔疾书给徐志摩写了一封绝交信，又将那封信刊发在《创造周报》上：

> ……我由你的文章，知道你的用意，全在攻击沫若和那句诗，全在侮辱沫若的人格……你把作者的内容都记得那般清楚（比我还清楚），偏把作者的姓名故意不写出，你自己才是假人……我最恨的就是假人，我对于假人从来不客气，所以我这回也不客气地把你的虚伪在这里暴露了，使天下后世人知道谁是虚伪，谁是假人……你一方面虚与我们周旋，暗暗里却向我们射冷箭。

可见，文字的江湖，便是人心的江湖，一篇文章，可成就两个人的生死之交，也可能引发一群人的唇枪舌剑。

至于成仿吾口中的所谓“周旋”，其实也不过是徐志摩一边与创造社交往，又一边与胡适亲近，而创造社又与胡适不和。事后徐志摩又是懊恼又是惊诧，遂写出一篇《天下本无事》以示澄清，其中不乏诚恳的道歉与安抚：“我恭维沫若的人，并不防止我批评沫若的诗；我只当沫若和旁人一样，是人，不是神圣不可侵犯的。我说‘泪浪滔滔’这类句法不是可做榜样的，并不妨害我承认沫若在新文学里的建树……”可话已至此，往日再深浓的情意，也已经覆水难收。

徐志摩与创造社的关系显然不能破镜重圆，除却郁达夫以外，其他成员皆与他老死不相往来。而那时的徐志摩尚不知，在政界、商界、教育界有党派之分，在同声高呼光明自由的新文学界里，同样有这个会那个社之间的畛畦，且如金戈铁马，楚河汉界。

“我再没有别的话说，我只要你们记得有一种天教歌唱的鸟不到呕血不住口，它的歌里有它独自知道的别一个世界的愉快，也有它独自知道的悲哀与伤痛的鲜明……”如果说徐志摩与创造社的冲突让他感觉到了惊诧与悲哀，那么接下来发生的文字纠葛——当他的音乐撞上鲁迅的刀锋，就只能是委屈与伤痛了。

以鲁迅为主要撰稿人的《语丝》杂志问世初期，徐志摩翻译了法国象征派诗歌先驱夏尔·皮埃尔·波德莱尔（Charles Pierre Baudelaire）的一首诗歌《死尸》，并将其译作以及感悟投发到了《语丝》第三期上。徐志摩在题记中提到，音节才是诗的真妙处，那些音节，刺激着我们的灵魂，而并非皮肤外在：

> 我深信宇宙的底质，人生的底质，一切有形的事物与无形的思想的底质——只是音乐，绝妙的音乐。天上的星，水里泅的乳白鸭，树林里冒的烟，朋友的信，战场上的炮，坟堆里的鬼磷，巷口那只石狮子，我昨夜的梦……无一不是音乐。你就把我送进疯人院去，我还是咬定牙根不认账的。是的，都是音乐——庄周说的天籁地籁人籁；全是的。你听不着就该怨你自己的耳轮太笨，或是皮粗，别怨我。……

这一段话，让鲁迅甚是不喜。是夜，他披衣挑灯夜读，越看越是堵心，在他眼里，那些玄奇、神秘、华丽的感触与修辞，俨然是矫情、狂妄、虚华的炫耀与浮夸。为了让自己的一亩三分地在以后的日子里保持清净与正气，隔了一期后，他便模仿徐志摩的语调写了一篇特别的《“音乐”？》来“回敬”，文中一字一句，全是又快又准又冷酷又犀利的软刀子，每一刀都是削骨无痕，直击要害：

> 慈悲而残忍的金苍蝇，展开馥郁的安琪儿的黄翅，唵，颉利，弥缚谛弥谛，从荆芥萝卜玎洋的彤海里起来。Br-rrr tatata tahi tal无终始的金刚石天堂的娇袅鬼茱萸，蘸着半分之一的北斗的蓝血，将翠绿的忏悔写在腐烂的鹦哥伯伯的狗肺上！你不懂么？咄！吁，我将死矣！婀娜涟漪的天狼的香而秽恶的光明的利镞，射中了塌鼻阿牛的妖艳光滑蓬松而冰冷的秃头，一匹黯黜欢愉的瘦螳螂飞去了。哈！我不死矣！无终……咦，玲珑零星邦滂砰珉的小雀儿呵，你总依然是不管什么地方都飞到，而且照例来唧唧啾啾地叫，轻飘飘地跳么？……

刻薄至此，这一次，徐志摩是连辩驳的力气都没有了。可叹多年后鲁迅竟坦言，他当初的挖苦，仅是看不惯徐志摩到处投稿而已。

说到底，徐志摩与鲁迅终究还是气味不相投。如此，便看山不是山，看水不是水。同出生在江南水乡的他们，命运却给予了两种极端。徐志摩优异的生长环境与求学生涯，赋予了他独具魅力的绅士风度，却也突出了他的缺陷——他与社会底层，已严重脱节。所以，徐志摩看不见炮火下牺牲的生命，也看不到“泪浪滔滔”背后的辛酸。他是为爱为艺术歌唱的夜莺，投影云朵的波心，追寻着缥缈的诗意与美，热情而疯狂。而鲁迅，则是为社会为现实呐喊的斗士，横眉冷对千夫指，揭露着底层的苦难与恶，内敛而深沉。

彼时，除却一系列的笔战，回国后的那段时间，徐志摩还是在文坛收获了名气，也收获了沉甸甸的友情。尤其是在与创造社的情义终止之后，他更是希望能像国外的沙龙那样，为文学与艺术的广大爱好者们成立一个小圈子，大家自愿结合，可以天南地北地自由谈论，各抒已见，其乐融融。

于是，1923年3月，在一个春风破冰的湛蓝时日，在徐志摩的热心周旋下，以胡适、黄子美、陈西滢、张君劢、林长民等为主要成员的新月社，便在石虎胡同七号正式成立了。

波折

一

天空里幻出一带的长虹，
一条七彩双首乔背的神龙；
一头的龙喙与龙须与龙髯，
淹没在埂奇河春泛之濑湍，
一头的龙爪，下踞在河北江南，
饮啜于长江大河，咽响如雷，
这彩色神明的巨怪，
满吸了东亚的大水，
昂首向坎坷的地面寻着，
吼一声，可怜，苦旱的人间！
遍野的饥农，在面天求怜，
求救渡的甘霖，满溢田田——
看呀，电闪里长鬣舞旋，
转惨酷为欢欣在俄顷之间！

二

天空里幻出长虹一带，
在碧玉的天空镶嵌，
一端挽住昆仑的山坳，

一端围绕在喜马拉雅之巉岩；
是谁何的匠心，制此巨采，
问伟男何在，问伟男何在？
披苍空普盖的青衫，
束此神异光明之带，
举步在浩宇里徘徊，
啊，踏翻，南北白头的高山，
霎时的雪花狂舞，雪花狂洒，
普化了东与西，洒遍了北与南，
丈夫！这纯澈无路的世界，
产生于一转之俄顷之间。
——《幻想》

“指违背客观规律的，不可能实现的，荒谬的想法或希望。”若如此解释“幻想”，未免有点枯燥冰冷。而在诗人面前，幻想，便是诗歌的灵魂，是有着无尽内核与无限外延的另一个世界，璀璨而惊艳。有波兰的女诗人说，“我偏爱写诗的荒谬”，如若没有那种荒谬，心就是腐朽荒芜的。

没有人能阻止诗人对幻想的偏爱。在徐志摩的幻想里，他是高山之巅散发祷祝的巨人，他的长发像飒飒飘扬的旗帜，眼中流出悲喜交集的热泪，喉间发出雄浑的颂美之音，变幻在无边的云海之上，于是，四方八隅的云霞开始生长出光，光线刺破穹天，像神驹驰骋，遍洒光明之临在。

拉宾德拉纳特·泰戈尔（Rabindranath Tagore），印度著名的诗人、哲学家、民族主义者，并在1913年获得了诺贝尔文学奖，也是第一位获得诺贝尔文学奖的亚洲人。泰戈尔的文学作品，在全世界皆有盛誉，而在印度，更是享有史诗的地位。他笔下的诗歌，通常都含有深刻的宗教和哲学的见解，非常神性。一如他所说，他的诗是奉献给神的礼物，他本人是神的求婚者。

在1923年的春天，徐志摩的生命里发生了两件意义非凡的事情，一是新月社的成立，二是得到了泰戈尔即将访华的消息。

最初，新月社还只是一个“聚餐社”。虽是聚餐，但并不局限于吃喝，重要的是在吃喝之余的吟诗作画、排练戏剧。徐志摩希望能用轻松的艺术形式，影响到与之骨肉相连的文化气质，并通过自己的创造能力，实现艺术界里的梦想，也算是一种新的事业，新的路途。虽然深受西方文化熏陶，骨子却一直保存着东方古典的精气神。他热衷于中国的传统艺术，并醉心于京昆之美。彼时，梁启超先生也会来参加聚会。他不仅给成员们讲解《桃花扇》的背景与价值，有时还会用他的“广东官话”朗诵几篇《桃花扇》中的诗词，每有感慨，他必声泪俱下，全座皆为之动容。因此，聚餐社又被称为“双星社”。

而真正排演戏剧，则是在泰戈尔的助手恩厚之（L.K.Elmhirst）来到北京之后。恩厚之到来时，是由梁启超先生、蔡元培、林长民等人一起主持的讲学社做的接待。作为梁先生的得意门生，徐志摩也去见了恩厚之。从恩厚之口中得知泰戈尔一直有访华的意向后，徐志摩便立即请求讲学社出面，邀请泰戈尔来中国观光演讲。邀请很快得到了回复，泰戈尔欣然应许，并将行程定在了是年的秋天。

泰戈尔即将访华的消息一传开，整个国内的文化界便沸腾了，关于泰戈尔的消息连篇累牍地充斥着各类报纸杂志。与此同时，讲学社也给徐志摩委以重任，由他负责接待和陪同泰戈尔，以及担任翻译工作。徐志摩激动得不可言喻。于他而言，泰戈尔的到来，不仅可以在国内传播他的文学与哲理，更可以给中国的青年在思想上带来深刻的启示。而且，在他心里，泰戈尔的成就，不仅是印度的骄傲，也是整个东方的骄傲。所以，与罗素相比，在灵魂的钦佩之余，泰戈尔更多了一份根脉的亲近。

> 泰戈尔在世界文学中，究占如何位置，我们此时还不能定，他的诗是否可算独立的贡献，他的思想是否可以代表印族复兴之潜流，他的哲学是否有独到的境界——这些问题，我们没有回答的能力。但有一事我们敢断言肯定的，就是他不朽的人格。他的诗歌，他的思想，他的一切，都有遗遗忘与失时之可能，但他一生热奋的生涯所养成的人格，却是我们不易磨翳的纪念。
>
> ——《泰戈尔来华》

飞翔在蓝天中的云鹤，注定将追随高山与光明的印迹。相较于泰戈尔的文学作品，徐志摩更崇拜他的人格——以悲悯之心渴望和平，相信自由、爱、美的存在，又乐观积极地对待生活与艺术，在命运的打击里保持诗歌之魂的泰然自若。那是一种可贵的品德，是不可侵凌、不可逾越的，就像自然界的一个神秘现象。

是时，徐志摩决定将聚餐会更名。因泰戈尔有《新月集》，他便将其改名为新月社。尊崇之心，澄澈如琉璃。新月纤弱，却预示定期的圆满。他亦爱月，爱月的幽谧，爱月的雪蕊冰芬，爱月的流光灼灼，更爱那圣洁而温柔的神性与光明。

新月社为了迎接泰戈尔的到来，决定排练一出他的名剧《齐德拉》，作为礼物送给伟大又慈爱的老人。而林徽因，恰巧在那时被成员们邀请来出演剧中的公主。徐志摩的心，再次荡起涟漪。

北京的松坡图书馆有两处地址，一处在西单附近的石虎胡同七号，一处在北海公园的快雪堂。快雪堂是梁启超先生办公的地方，也是怡情幽静之地，且星期天不对外开放。于是，每逢周末，梁思成就会携徽因去那里约会。徐志摩很想念林徽因，经常借着各种各样的缘由去那里，只为与她说上几句话。

但就在不久后，徐志摩见到了梁思成贴在门口的纸条——Lovers want to be left alone。（情人不愿被打扰）。

希望，只如今……
如今只剩些遗骸——
可怜，我的心……
却教我如何埋掩？

希望，我抚摩着
你惨变的创伤；
……
我又舍不得将你埋葬，
希望，在我的生命与光明——
像那个情疯了的公主，
紧搂着她爱人的冷尸。

……

“美是人间不死的光芒”，

不论是生命，或是希望！

便冷骸也发生命的神光，

何必问秋林红叶去埋葬？

——《希望的埋葬》

徐志摩伤感到了极致，只觉得心里生疼。但只要疼着，就证明心还没有彻底死掉，心里尚存着一丝希望，那伤就会继续疼着，疼得让灵魂有知觉。还好，泰戈尔来华的消息，冲淡了浓稠的悲伤。他开始热切地期盼着他的到来。

他在给泰戈尔的信中如是写道：

你的英文著作已大部分译成中文，有的还有一种以上译本。无论是东方的或西方的作家，从来没有人像你这样在我们这个年轻国家的人心中，引起那么广泛真挚的兴趣，也没有几个作家（连我们的古代圣贤也不例外），像你这样把生气勃勃和浩瀚无边的鼓舞力量赐给我们。您的影响使人想到春回大地的光景——是忽尔而临的，也是光明璀璨的。我国青年刚摆脱了旧传统，他们像花枝上鲜嫩的蓓蕾，只候南风的怀抱以及晨露的亲吻，便会开一个满艳，而你是风露之源，你的诗作替我们的思想与感情加添了颜色，也给我们的语言展示了新的远景，不然的话，中文就是一个苍白和僵化的混合体了。如果作家是一个能以语言震撼读者内心并且提升读者灵魂的人物，我就不知道还有哪一位比你更能论证这一点。这说明我们为什么这样迫切地等待您……

然而，愈是迫切，命运就愈是波折迭起，感情如是，生活亦如是。当徐志摩悉心准备好了一切迎接泰戈尔的事宜，包括给他租好了带有现代化设备的私宅，拟好了欢迎辞，排练好了节目，正在欣喜又焦急地倒计着日程之时，泰戈尔却写信过来说，他突然患上了登革热病（DengueFever），不得不将行程推迟到来年的三月。

收到来信，徐志摩不免有些颓然。但很快，他的颓然就被新的焦切与哀伤所替代。因为就在那个新月微蓝的秋天，他收到了来自硖石老家的电报：祖母病危，速回。

第四章 尘世孤旅

尘世

匆匆匆！催催催！
一卷烟，一片山，几点云影，
一道水，一条桥，一支橹声，
一林松，一丛竹，红叶纷纷；

艳色的田野，艳色的秋景，
梦境似的分明，模糊，消隐，——
催催催！是车轮还是光阴？
催老了秋容，催老了人生！

——《沪杭车中》

流年何其浩渺，一阵风起，就可席卷我们的穹天。生命不过是一缕路过光阴的青烟，有时尚不及一丛草木的安详枯荣。而梦境是心灵深处的纯净烟火，于是，我们只有请求山河云影为羽觞，来醉此匆匆愈逝的尘世与浮生。待到纷纷的秋色饮罢了红叶，车轮被镜花水月催老，方知江南的石桥与橹声，激荡起的，原是一首清澈到令人心碎的离歌。

“一个单纯的孩子，过他快活的时光，兴冲冲的，活泼泼的，何尝识别生存与死亡？”

徐志摩曾将英国诗人华兹华斯（William Wordsworth）的诗句引用在《我的祖母之死》的开篇。那是一首叫作《我们是七人》的小诗，讲述了一个关于童真关于生死的故事。那位热爱自然、热爱儿童的诗人，有一次碰着一个八岁的小女孩，她有蓬松的卷发与可爱的面庞，还有兄弟姊妹，和她共七个。她说，我们是七人，两个在城里，两个在外国，还有一个姊妹一个哥哥，在家里附近的墓园里埋着。她心里没有生与死的界限，她每晚携带点心与小盘，去墓园的草地里独自地吃，独自地唱，与她在土堆里长眠的兄姊做伴。她不听华兹华斯的多方譬解，她只是睁着一双灵动的眼睛说，“不，先生，我们还是七人”。

简洁的童心总是能俘获我们灵魂最深处的感动。在徐志摩的童年时期，祖父的离世，应是他有生之年第一次经历生死离别。那时，不满六岁的他，对人间世事尚有深切的隔膜，更不曾经历现实带给心灵的裂变——虽然我们习惯将其称之为成长，所以，他便不懂父亲为何要那样哭喊，也不懂众人为何要擎香跪拜。他就像华翁诗中的小女孩一样，不懂得生离与死别，懵懂纯净得让人心疼。

沪杭车中，归心似箭。他从未有过这样的归家之心，仿佛心里那匹被唤作亲情的烈马，终于因为祖母的病危而苏醒，并彻底躁动，继而在体内横冲直撞。他脑海里只有一个念头，那就是回家，见到祖母。

他坐在祖母的床前，牵着她的手，淌着泪喊着：“奶奶，孙儿回来了。”但祖母躺在床上，没有动静，像一片落叶在泥土里安眠。他不禁想起二十年前，他风尘仆仆地顽劣回来，掀开她的帐子，叫一声软和的奶奶，她也会回叫他一声，然后麻利地伸手到里床给他摸一个蜜枣或是三片状元糕。而如今，他再掀开她的帐子，叫一声、两声、三声奶奶，她也不再会答应了。她的瞳眸已经不能反映外界的印象，她的声带与口舌也不能表达内心的情意，她只能将疼爱的感觉用手心的热度传达给他——那微薄的暖意，是她的肉身弥留于人世时，所能给他的最后的温暖，是那么脆弱而不舍。

在祖母走后的第二天，徐志摩给好友陈西滢写信：

> 我的祖母死了……她现在已经永远的脱辞了烦恼的人间，还归她清净自在的来处。我们承受她一生的厚爱与荫泽的儿孙，此时亲见，将来追念，她最后的神化，不能自禁中怀的摧痛，热泪暴雨似的盆涌，然痛心中却亦隐有无穷的赞美，热泪中依稀想见她功成德备的微笑，无形中似有不朽的灵光，永远的临照她绵衍的后裔……

那一刻，他宁愿相信灵魂会羽化，会登仙。祖母人世一遭，清净辛劳一生，终于舍弃肉身而去，去成就造化与生命的功德圆满。

> 我送你一个雷峰塔影，
> 满天稠密的黑云与白云；
> 我送你一个雷峰塔顶，
> 明月泻影在眠熟的波心。
>
> 深深的黑夜，依依的塔影，
> 团团的月彩，纤纤的波鳞——
> 假如你我荡一支无遮的小艇，

假如你我创一个完全的梦境！

——《月下雷峰影片》

1923年9月，徐志摩在家乡为祖母守孝。此一趟，他把久违的乡愁也带了回来，如一页薄薄的月光覆盖在清秋的江南，又惆怅，又依恋。

于是闲暇时，徐志摩就会与父亲一起去塔影河泛舟，重拾亲情的欢乐。钵盂峰下的菱塘，有一种叫“树头鲜”的菱，味道极为鲜美。松亭里的月亮，最宜下酒。河岸经霜的枫叶，如童年的印记，绯红斑驳的叶脉，又像极了纷繁错综的人生，年轮滚动，见证一路的悲欣交集。

“水光潋滟晴方好，山色空蒙雨亦奇。欲把西湖比西子，淡妆浓抹总相宜。”中秋那日，徐志摩又去看了西湖的雷峰塔与明月波心。月光如水荡漾，夜色里的三秋桂子、十里荷花更令人倾倒。温风如酒，山色如娥，南屏晚钟可以把人心洗濯得比秋风还干净。在美人颊一般的花光里引棹入湖，便可目酣神醉地做一回诗词里的古人。

彼时，胡适也正在西湖边的烟霞洞养病，徐志摩便常去拜访。得一挚友，如得一珍宝。他们一个热衷于诗歌与文学，浪漫如野火，一个热衷于政治与学术，内敛如静水，却依然能结成深厚的情义。“谈书谈诗谈友情谈爱谈恋谈人生谈此谈彼”，他们对着西湖的美景一聊就是半日，同浇心中的块垒。

在情感方面，与徐志摩一样，胡适亦有一段没有爱情的旧式婚姻。但与徐志摩不一样的是，他将半生的风云都压制在封建的礼教里，然后选择在婚姻的牢笼里忍耐，且一忍耐就是长长的一生。他虽然与表妹曹佩声互相爱慕，却始终顾全大局没有离婚，宁愿痛苦地被遗憾与愧疚折磨一生。而徐志摩，却视爱情为真理，甘心为之穷其一生，哪怕一路跌跌撞撞，哪怕舍弃名誉与性命。

但友情依然是生命对我们的无私馈赠，再多不一样的选择，灵魂的投契也会让我们殊途同归。所以，多年后，胡适谈及徐志摩，会如此说道："他的失败是一个单纯理想主义者的失败。他的追求，使我们惭愧，因为我们的信心太小了，从不敢梦想他的梦想。他的失败，也应该使我们对他表示更深的恭敬与同情，因为偌大的世界中，只有他有信心，冒了绝大的危险，费了无数的麻烦，牺牲了一切平凡的安逸，牺牲了家庭的亲谊和人间的名誉，去追求，去试验一个'梦想之神圣境界'……"

在西湖的怀抱里，他们就像一对无忧的孩童，可以肆意地对着月华尖叫。"湖心亭畔荡舟看月，三潭印月闻桂花香"。在雷峰塔影里，徐志摩大声地告诉身边的友人与湖水，他宁愿做一个永远不上岸的小鬼，只为夜夜能与清媚的月光厮守。在花坞的竹林，他们就像魏晋时代的名士那样，天地为宅舍，举杯邀明月，用一支横笛吹眠漫天星。

不久后，徐志摩与陶行知、陈衡哲、马君武、汪精卫等人一起去钱塘江观潮，去领略那种独属于水墨江南的恢宏美感。"八月十八潮，壮观天下无"。是时，也正是观看"天下第一潮"的好时机。潮头初临时，还是一条横贯江面的温柔白线，只闻其声不见其势，而不过半晌，潮头就由远及近地腾空而来，如百鸟齐飞，如万马奔腾，形成雷霆万钧的翻江倒海之貌，浩大壮烈的声势，可吞没天地。当潮退之后，江面又会静寂懵懂得一如混沌初开，那祥和的面貌，仿佛不曾沾染过任何风云。

那些个时日，真是恍然如梦：

……

我听着了天宁寺的礼忏声！

这是哪里来的神明？人间再没有这样的境界！

……

在天地的尽头，在金漆的殿椽间，在佛像的眉宇间，在我的衣袖里，在耳鬓边，在官感里，在心灵里，在梦里……

在梦里，这一瞥间的显示，青天，白水，绿草，慈母温软的胸怀，是故乡吗？是故乡吗？

……

——《常州天宁寺闻礼忏声》

同年10月，徐志摩又与张君劢一起去常州的天宁寺祈福。在钟鼓、木鱼、佛号、乐音齐奏的大殿里，时间的尘埃纷纷落在蒲团之下，被盛大的音籁与神性止息。他终于明白祖母当日为他在普陀求佛的心境。

心有所念，便心有所求。浮生中的无限奥秘，已蕴伏在灵魂的震颤之中，除却感恩，无可辩问。在神圣的自然面前，我们除了保持虔诚与悲悯，别无选择。潮起或潮落，喧嚣或静默，当岁月的礼忏开始，生命的回响里，最慈爱最温情的那一声，定是故乡与亲人的呼唤。

震日

……

巨人的手，指向着东方——

东方有的，在展露的，是什么？

东方有的是瑰丽荣华的色彩，东方有的是伟大普照的光明——

出现了，到了，在这里了……

听呀，这普彻的欢声；看呀，这普照的光明！

……

——《泰山日出》

1924年4月12日，泰戈尔一行乘坐热田丸号轮船，如约抵达上海港口。他终于来了。在那个瑰丽的春天，仿佛所有的花，都在为他的到来而怒放。那一日，徐志摩与瞿菊农、张君劢、郑振铎等人早早地就来到了汇山码头，恭候泰戈尔的光临。当轮船徐徐靠岸，他看到泰翁身穿棕色长袍，头戴红色软帽，银白色的发须在晨风中飞扬，向着人群合十致意时，在列队的昭昭花光与簇拥中，他心头的欢喜都沾染上了圣洁的色彩。

在沧州旅馆稍作休息后，徐志摩就陪泰翁去游览了龙华古寺。在宁静而古老的佛乐里，他跟泰翁讲述了古寺的风霜与风华。时值盛春，龙华寺内林木翳瑟，繁花灼灼，自然之景为慈祥的诗人献上时光的贞静与禅意。

13日，上海Sikhs教派的印度人在闸北一座寺院用召开集会的方式，欢迎来自故国的贵客。集会结束后，一行人踏着黄昏的薄暮，赶往闸北赴慕尔鸣路37号的张君劢家中，参加专门为泰翁准备的茶话会。当时参加茶话会的有一百多人，他们有些坐在花园的长椅上，有些干脆席地而坐，热忱地围绕着远道而来的诗哲，沉浸在轻松而神圣的氛围中。

14日，徐志摩与瞿菊农陪同泰翁前往杭州，畅游了窈窕的西湖。在千年古刹灵隐寺，泰翁讲演了《飞来峰》。

18日，上海文学研究会、江苏教育会等团体在商务印书馆大厅的俱乐部，为泰翁举行正式的欢迎会，到会的有一千多人。在热闹的欢迎会上，泰翁发表了即兴演讲。当晚，一行人沿津浦铁路北上，途中泰翁又在南京与济南停留时各发表过一次演讲。

23日，在徐志摩的陪同下，泰戈尔一行正式抵达北京。梁启超、蔡元培、胡适、林长民、蒋梦麟、熊希龄等学界与政界的名流前来迎接。“穿青色长袍，戴绛色冠，苍髯满颊”的泰翁走在人群中，显得格外飘逸出尘，眉宇间的高山景行之风，直令人心生虔诚与敬意。

26日，欢迎泰戈尔来华的集会在天坛公园的草坪上举行。梁启超先生致欢迎辞后，徐志摩与林徽因左右搀扶着泰翁登上讲台演讲。徐志摩在翻译时，用了最美的语言来表述泰翁的讲词，引来阵阵掌声。而他与林徽因站在泰翁身边，又被人形容为“金童玉女”。其中《天坛史话》中的记载最是贴切：“林小姐人艳如花，和老诗人挟臂而行，加上长袍白面、郊寒岛瘦的徐志摩，犹如苍松竹梅的一幅三友图。”

5月8日，泰戈尔在中国度过了他的六十四岁寿辰。当日，北京学术界的朋友们为他举办了隆重的祝寿会。祝寿会由胡适主持，寿礼是十几张名画与一件名瓷。然后，又由梁启超主持了赠名典礼——一种特殊且尊贵的礼节，为外宾相赠本国的姓名，以示友好与敬重。泰翁来自印度，古印度对中国的称呼是“震旦”，泰戈尔的名字拉宾德拉（Rabindra）中译过来意为“太阳”与“雷”，日出为旦，雷声为震，也恰与“震旦”相契。而古中国称印度为天竺，取“竺”为姓，“震旦”为名，便成“竺震旦”，象征中印文化源远流长后的闪光与交集。在现场热烈的掌声中，泰翁接过刻有他中国名字的大印章，表示非常合意。

随后，泰翁又观看了新月社为他生日准备的《齐德拉》（Chitra）的演出。《齐德拉》是泰翁的作品，是他根据《摩诃婆罗多》书中的一段故事改编的诗剧，是一个关于有情人终成眷属的故事：

齐德拉是一位国王的独生女儿，她没有美貌，且从小被父亲当成王子来进行严格的训练。如此以来，长大后的她，便变得英勇无比。后来，她在山中遇到了坐禅的邻国王子阿俊那，并对他一见钟情。她开始对自己的相貌与性格不满，于是，她苦苦地恳请爱神，希望爱神能赐予她一天的美貌与温柔，用以打动王子的心。爱神被她感动，给了她一年的绝世容颜。齐德拉变成美人后，终于赢得了王子的爱，并与之结为夫妇。可不久后，她发现自己的丈夫，竟对曾经在山中偶遇的英勇女孩念念不忘。那时，她才发现，原来自己做了一件多么愚蠢的事情。美貌稍纵即逝，只有真爱与灵魂才能永恒。她决定再一次请求爱神，将赐予自己的美貌收回。恢复本来面目后的她，与丈夫的感情便更加真实、更加安妥了。

这世间的爱情故事，总是那么容易让人感动。爱情，其实就是一面镜子，圆满者得见圆满，残缺者得见残缺。我们所感动的，只不过是自己在故事影像中比照对视的美好与忧伤。

在剧中，齐德拉公主由林徽因扮演，阿俊那王子则是由张歆海扮演，林长民扮演春神，而徐志摩扮演的是爱神，一个能掌控爱情的局外人。纵山河岁月已成空，相遇怎样轮回流转，剧里剧外，徐志摩依然不是林徽因的王子，他只是纵马天涯的骑士，曾用刻骨的诗意与爱情，路过她最美的青春年华。

泰戈尔来华后，在受到一班文化界人士敬重与欢迎的同时，也受到了一些左翼人士冷酷而尖锐的反对。鲁迅就在文章中对他进行了讽刺与批判，一家报纸也说他是过时人物。他们认为，泰戈尔所提倡的传统，正是他们所摒弃的，是要用新思想来取代的。而他本身代表的印度宗教文化，正是落后的、不科学的，在强权的世界里，坚守灵魂的高尚、固守物质文明是毫无价值的，那样只能把中国推向灭亡。

对于这些批评与冷落，泰翁不禁黯然神伤，徐志摩更是痛心疾首。显然，泰翁的这次访华，与政治无关，与私利无关，他熬着高年，撑着病体，抛弃自身的事业，备尝行旅的辛苦，只为中印文化而来，只为感召青年而来。如果非要说他的动机，那么，他的动机只能是永恒的光明与悲悯。于是，徐志摩振臂高呼：“他已经为我们尽了责任，我们不应、更不忍辜负他的期望。同学们！爱你的爱，崇拜你的崇拜，是人情不是罪孽，是勇敢不是懦怯！”

5月12日，泰戈尔在真光剧院讲演之后，就托病取消了最后三场讲演。时间如白驹过隙，季节倏忽已至初夏。听闻法源寺的丁香开得正盛，徐志摩便陪了泰翁去赏花散心。泰翁亲切地称呼徐志摩为素思玛（Soosima），意为英俊的小伙，徐志摩则唤泰翁“老戈爹”，亲切之中，更是多了一份亲昵。丁香树下，月光细腻如小儿肌肤，簇拥着淡紫色的花香，如诗如幻。徐志摩的灵感与情谊一样意气风发，当夜，他竟在花树下作了一通宵的诗。

同年的5月20日，泰戈尔一行离开北京，转车去太原，徐志摩选择与他们一路同行。列车泊在沉沉的黄昏里，一弯新月挑开了夜幕，也挑起了他脑海里的孤寂与苦涩。在那静美空旷的环境里，在那个离别与迎接交集的站台，他看着送别队伍中的林徽因，伤心到无法呼吸。因为就在两天前，林徽因亲口告诉他，她就要与梁思成一起赴美留学了，而且，婚期在即。列车缓缓启动，他只能将悲伤发泄在纸上：

> 我真不知道我要说的是什么话，我已经好几次提起笔来想写，但是每次总是写不成篇。这两日我的头脑只是昏沉沉的，开着眼闭着眼都只见大前晚模糊的凄清的月色，照着我们不愿意的车辆，迟迟地向荒野里退缩。离别！怎么的能叫人相信？我想着了就要发疯，这么多的丝，谁能割得断？我的眼前又黑了……

去太原，泰翁是为了推广他在印度的农村建设计划。虽然当时山西的阎锡山曾许诺承办，但事后一直没有下文。在太原短暂停留后，一行人便于5月23日沿京汉路南下到汉口，取道长江直达上海。1924年5月29日，随着轮船划破海浪，泰戈尔的访华之行，也正式画上了句号。

徐志摩一路相随，与泰戈尔一行从上海港口乘船去东京。离开日本后，他又专程送泰翁到香港。他们在香港依依惜别，并相约来年在欧洲相会。

在日本时，面对富士山的清丽风光，徐志摩心头的悲伤又一次卷土重来。“我是一枚漂泊的黄叶，在旋风里漂泊……我是一颗不幸的水滴，在泥潭里匍匐。”同时，他也写下了十八首脍炙人口的《沙扬娜拉》。

> 最是那一低头的温柔，
> 像一朵水莲花不胜凉风的娇羞，
> 道一声珍重，道一声珍重，
> 那一声珍重里有蜜甜的忧愁——
> 沙扬娜拉！
> ——《沙扬娜拉·十八》

生命如莲花盛开，光阴并不曾知晓悲欣。对于那些早已注定的离别，我们除了道一声珍重，除了将甜蜜或忧愁的记忆深埋于心，无他选。而余下的路，还是要温柔地走下去，不管前方是繁花似锦，还是荆棘丛生。

情缘

她不在这里，
她在那里：

她在白云的光明里：
在澹远的新月里；

她在怯露的谷莲里：
在莲心的露华里；

她在膜拜的童心里：
在天真的烂漫里；

她不在这里，
她在自然的至粹里！

——《她在那里》

佛说，“世间万物皆因缘而生，缘聚则物在，缘散则物灭”。但人寂灭，爱犹存。他是堕身情劫的痴人，只为在茫茫人海中寻找一个灵魂相依的知己伴侣，甘愿承受轮回之苦。

1924年夏，徐志摩第一次遇见陆小曼。胡适说陆小曼是“京城一道不可不看的风景”，刘海粟形容她是“衣薄临醒玉艳寒”，郁达夫则将她比喻成“20世纪中国文艺女性中的普罗米修斯”。看她的照片，也的确是人如其名，孤意在眉，深情在睫，出落得清丽曼妙。

陆小曼是江苏武进人，出生于上海，幼年随父母迁居北京。她的父亲是晚清举人，曾入日本帝国大学深造，是日本名相伊藤博文的得意门生，归国后从事外交工作，并历任财政部赋税司长二十余年。她的母亲也是名门闺秀，古文与画艺俱佳。她受母亲影响，在绘画书法方面极有天分，尤擅工笔与小楷。

陆小曼曾就读于北京的法国圣心学堂，16岁时就精通英文与法文，且能歌善舞，兼擅京昆两种唱腔，是令人瞩目的东方美人。相传，她在学校被同学们称作“皇后”，每次去观戏或游园，都是外国和中国的大学生前后数十人簇拥着，有人给她拎包，有人给她持外衣，可她偏是高傲至极，形同云端仙子。

而三年的外交翻译生涯，让小曼在18岁时就闻名于北京的社交界。才貌双全的小曼，与南方的社交名姝唐瑛并称为“南唐北陆”。当时北京外交部经常举行交际舞会，她舞跳得最好，柔美风情令人目眩神迷，无论男女皆为之倾倒。若哪日舞会不见她的倩影，便会举座不欢。

陆小曼到了适婚年龄，便时常有人上门提亲，名门有之，望族有之，重金厚礼亦有之，可小曼骄傲，父母自然也不肯轻易相许。直到遇到王庚，小曼在19岁时便做了王太太。从订婚到结婚，尚不足一月。她嫁的，亦不是自己的爱情，她虽是交际名媛，可爱情之心依然是养在深闺，尚不知春色如许。她不知情生情死，但她知天下孝道，于是，她很自然地遂了父母意愿，嫁给了父母为她挑选的如意郎君。

王庚大小曼七岁，他早年毕业于清华大学，又曾留美深造专攻军事，回国后便担任陆军少校。在当时的军阀混战时期，他那样的军事人才，可谓是前途无可限量。他在生活习惯方面完全是美国化，星期一到星期六上午都被视作工作时间，绝不玩乐。后有人言："谁知这位多才多艺的新郎，虽然学贯中西，而于女人的应付，却完全是一个门外汉；他自娶到了这一如花似玉的漂亮太太，还是一天到晚的手不释卷，并不分些工夫去温存温存，使她感到满足。"

小曼正值花样年纪，她活泼好动，青春飞扬，又怎肯就此安于枯燥？性情上的严重不协调，是她婚后饮下的第一杯苦酒，但也只能一个人和着眼泪往肚里吞。她不快乐，过得不如意，却依然强颜欢笑，她频繁参加跳舞、唱戏等各种社交活动，试图用游乐来稀释内心的愁苦寂寞。

而随着林徽因与梁思成的双双赴美，徐志摩最后一丝残余的希望也凋落了。这时的徐志摩已获得北大教授的职位，但求爱的惨遭失败，又加之国内时逢动乱、社会黑暗重重、几位亲友的接连去世……种种不顺皆让他感觉到哀痛与绝望。

参加社交，无疑是排遣苦闷的最好方式。陆小曼如是，徐志摩亦如是。于是便有人猜测，徐志摩与陆小曼定是相识在舞会之上，像大多数电影里的桥段一样，舞池里才子佳人际遇，随即便擦出了爱情的火花。

其实不然，同为梁启超的门生，又都是性情中人，徐志摩与王庚早就相识。王庚不喜玩乐，但为了让妻子欢喜，便时常会邀请徐志摩去陪小曼散心。而早在泰戈尔访华，新月社举办活动时，徐志摩就见过陆小曼数次，但彼时的他正痴恋林徽因。世间女子如花过眼，又有何人能入得心来。

对于王庚的大方邀请，徐志摩欣然应允。每逢周末，他便带着小曼去饭店跳舞，去爬山，去看戏，玩得尽情尽兴。而随着时间的推移，徐志摩也发现自己与陆小曼越来越投契。陆小曼同样喜好文艺，与他畅谈起来，时而犀利，时而天真，非常玲珑可爱。陆小曼喜欢徐志摩的诗情、浪漫、风趣、体贴，和他在一起，心里会充满温暖和光亮，再也不用伪装快乐。

> 在我们初次见面的时候，我是早已奉了父母之命媒妁之言同别人结婚了，虽然当时也痴长了十几岁的年龄，可是性灵的迷糊竟和稚童一般。婚后一年多才稍懂人事，明白两性的结合不是可以随便听凭别人安排的，在性情与思想上不能相谋而勉强结合是人世间最痛苦的一件事。当时因为家庭间不能得着安慰，我就改变了常态，埋没了自己的意志，葬身在热闹生活中去忘记我内心的痛苦。又因为我娇慢的天性不允许我吐露真情，于是直着脖子在人面前唱戏似的唱着，绝对不肯让一个人知道我是一个失意者，是一个不快乐的人。这样的生活一直到无意间认识了志摩，叫他那双放射神辉的眼睛照彻了我内心的肺腑，认明

了我的隐痛，更用真挚的感情劝我不要再在骗人欺己中偷活，不要自己毁灭前程，他那种倾心相向的真情，才使我的生活转换了方向，而同时也就跌入了恋爱了。

——陆小曼《爱眉小札·序二》

就在徐志摩和陆小曼情意朦胧之时，王庚被调至哈尔滨任警察厅厅长。于是很自然的，他们恋爱了，再也顾不得什么封建纲常、道德伦理。徐志摩在日记中欣喜写下："最高的了解是灵魂的化合，那是爱的功德圆满。"

……有你我就忘却一切，我什么都不想什么都不要了，因为我什么都有了……我爱你朴素，不爱你奢华。你穿上一件蓝布袍，你的眉目间就有一种特异的光彩，我看了心里就觉着不可名状的欢喜。朴素是真的高贵。你穿戴齐整的时候当然是好看，但那好看是寻常的，人人都认得的，素服时的眉，有我独到的领略……我的胸膛并不大，决计装不下整个或是甚至部分的宇宙。我的心河也不够深，常常有露底的忧愁。我即使小有才，决计不是天生的，我信是勉强而来的；所以每回我写什么多少总是难产，我唯一的靠傍是刹那间的灵通。我不能没有心的平安，眉，只有你能给我心的平安。在你完全的蜜甜的高贵的爱里，我享受无上的心与灵的平安。

——《爱眉小札·日记》

从此，陆小曼就成了徐志摩的灵感。他为她写诗，为她画眉，仿佛生活中任何的不顺都能在浓情蜜意中消散。那段时间的徐志摩，浑身洋溢着爱情的光泽，宛若重生。

他把自己与小曼的相爱，归结为“上天恩赐的情缘”，在诗中，他写道，“多谢天！我的心又一度的跳荡，这天蓝与海青与明洁的阳光，驱净了梅雨时期无欢的踪迹，也散放了我心头的网罗与纽结，像一朵曼陀罗花英英的露爽，在空灵与自由中忘却了迷惘……我更不问我的希望，我的惆怅，未来与过去只是渺茫的幻想，更不向人间访问幸福的进门，只求每时分给我的不死的印痕，变一颗埃尘，一颗无形的埃尘，追随着造化的车轮，进行，进行……”

情缘是网，是刹那的心间灵犀，是不死的幸福印痕。而小曼就像一朵天真与妖娆并存的曼陀罗花，将诗人带至一个从未抵达的奇幻秘境。那里，有无尽的空灵与自由，时间犹如尘埃，他以朝圣者的姿态，向真爱靠近。

愿得一心人，白首不相离。陷入爱情不可自拔的徐志摩也深信，他与陆小曼之间，“幸福不是不可能的”。无论如何，他都不会与小曼分开，他们会冲破一切险阻与束缚，一起投生真爱的光明。

投生

昨晚上，
再前一晚也是的，
在雷雨的猖狂中
春
投生入残冬的尸体。

不觉得脚下的松软，
耳鬓间的温驯吗？
树枝上浮着青，
潭里的水漾成无限的缠绵；
再有你我肢体上
胸膛间的异样的跳动；

桃花早已开上你的脸，
我在更敏锐的消受
你的媚，吞咽
你的连珠的笑；
你不觉得我的手臂
更迫切的要求你的腰身，
我的呼吸投射到你的身上

如同万千的飞萤投向光焰?

这些，还有别的许多说不尽的，

和着鸟雀们的热情的回荡，

都在手携手的赞美着

春的投生。

——《春的投生》

1925年春，清风还来不及吹开第一片桃红，徐志摩就已与陆小曼跌入火热的恋爱中。徐志摩把这次恋爱当成一次“投生”，甚至恨不得昭告天下。但毕竟陆小曼是有夫之妇，且是朋友之妻。当他们的恋爱曝光后，一时间，指责者有之，唾弃者有之，叹息者有之……然理解者亦有之。

理解者，多为被新思潮冲击的知识分子们。不管是徐志摩之前与张幼仪的离婚事件，还是如今与陆小曼的婚外之情，都让他成为想争取恋爱自由又不敢真实行动的一些人的典范。他们给予他精神上的支持，期望他能够取得爱的胜利。譬如郁达夫，就表示了由衷的佩服：

……若在进步的社会里，有理解的社会里，这一种事情，岂不是千古的美谈?忠厚柔艳如小曼，热烈诚挚若志摩，遇合在一道，自然要发放火花，烧成一片了，哪里还顾得到纲常伦教?更哪里还顾得到宗法家风?当这事在北京的交际社会里成话柄的时候，我就佩服志摩的纯真与小曼的勇敢到了无以复加。记得有一次在来今雨轩吃饭的席上，曾有人问起我对这事的意见，我就学了《三剑客》影片里的一句话回答他："假使我马上要死的话，在我死的前头，我就只想做一篇伟大的史诗，来颂美志摩和小曼。"

可陆小曼的父母并不这么想。他们认为这是有辱门风之事，如今张扬开来，要让小曼一个女子在社会上如何立足，对毫无过错的王庚又要如何交代？于是，他们首先就禁止了小曼与徐志摩的往来，随后又发动亲友挨个劝说小曼，动之以情晓之以理，试图让小曼迷途知返，挽回残局。

陆小曼虽然不为亲友的劝解动摇，但也确实在两难之境中痛苦不已。一方面是爱情的信仰，一方面是亲人的阻挠，她偏向于哪一边都免不了伤筋动骨。而且，平时徐志摩与她见面，只要通报一声，便可轻易相会，而自从小曼母亲交代过后，徐志摩数次去见小曼，皆被门者挡驾。

为了顺利见到小曼，徐志摩不得不效仿旧戏文里的阔家公子——以钱通神。再去王家时，他先用钞票暗下打点看门守卫，门缝一开，便闪身而入。可几次之后，门卫胃口竟越来越大，少则上百，多则五百，否则坚决不让通行。更令人烦恼的是，关卡也越来越多，通常花了高价买通门卫后，到了内院还要对付丫鬟们的纠缠。她们不仅中途"劫"下他赠予小曼的名贵香水与饰物，还经常没收小曼的情书。而小曼又无法启齿，只能在半夜里写好了英文信去投寄，然后隐忍地企盼着，光明之日早些到来。

这是一个懦怯的世界，

容不得恋爱，容不得恋爱！
披散你的满头发，
赤露你的一双脚；
跟着我来，我的恋爱，
抛弃这个世界
殉我们的恋爱！

我拉着你的手，
爱，你跟着我走；
听凭荆棘把我们的脚心刺透，
听凭冰雹劈破我们的头，
你跟着我走，
我拉着你的手，
逃出了牢笼，恢复我们的自由！

跟着我来，
我的恋爱！
人间已经掉落在我们的后背，——
看呀，这不是白茫茫的大海？
白茫茫的大海，
白茫茫的大海，
无边的自由，我与你与恋爱！

顺着我的指头看，
那天边一小星的蓝——
那是一座岛，岛上有青草，
鲜花，美丽的走兽与飞鸟；

快上这轻快的小艇，
去到那理想的天庭——
恋爱，欢欣，自由——辞别了人间，永远！
——《这是一个懦怯的世界》

面对重重困难，徐志摩只能将一腔委屈发泄在诗歌中。而这时的他也开始清醒地意识到，如果爱情要修得正果，就必须先让小曼恢复她的自由身，即与王庚离婚，走出婚姻的桎梏。

于是，他在信中告诉她，世上最美好的事，就是两个灵魂在上帝面前自愿结合。“恋爱是生命的中心与精华，恋爱的成功便是生命的成功。我们的前途是光亮的，伟大的灵魂的结合将会毁灭一切的阻碍，创造一切的价值。一切有我在，一切有爱在。”

但另一边，王庚已匆匆回京，他希望一切都只是个误会，但面对小曼冷漠如冰的态度，他还是恼怒地摔了枪，小曼也随之大病了一场。

就在此时，徐志摩又收到了恩厚之从南美寄来的长信。信中说泰戈尔身体欠佳，却一直对他的“素思玛”念念不忘，希望徐志摩能去意大利看望他，实现曾经“在欧洲相会”的约定。

徐志摩捧信而读，情不能已，一想到“老戈爹”的病中期盼，他就开始坐立不安。尽管当时筹措旅费方面有些困难——他的父母与朋友没有一个赞成他的计划，而且与小曼也正处于危难之中，但他最后还是决定去欧洲一趟。

陆小曼虽不愿与徐志摩分离，但还是极理性地对待了问题。徐志摩的暂时离开，不仅能了却他与伟人共聚的心愿，进而滋养精神与知识，还能避一避北京这边舆论的风头，也好让她好好冷静一下，考虑与丈夫离婚的事情。

你知道我这次想出去也不是十二分心愿的，假定老翁的信早六个星期来时，我一定绝无顾恋的想法走了完事；但我的胸坎间不幸也有一个心，这个脆弱的心又不幸容易受伤，这回的伤不瞒你说又是受定的了，所以我即使走也不免咬一咬牙齿忍着些心痛的。这还是关于我自己的话；你一方面我委实有些不放心，不是别的，单怕你有限的勇气敌不过环境的压迫力，结果你竟许多少不免明知故犯，该走一百里路也只能走满三四十里，这是可虑的……

聪明的小曼：千万争这口气才是！我常在身旁自然多少于你有些帮助，但暂时分别也有绝大的好处，我人去了，我的思想还是在着，只要你能容受我的思想。我这回去是补足我自己的教育，我一定加倍的努力吸收可能的滋养，我可以答应你我决不枉费我的光阴与金钱，同时我当然也期望你加倍的勤奋，认清应走的方向，做一番认真的工夫试试，我们总要隔了半年再见时彼此无愧才好……

顶要紧是你得拉紧你自己，别让不健康的引诱摇动你，别让消极的意念过分压迫你，你要知道我们一辈子果然能真相知真了解，我们的牺牲，苦恼与努力，也就不算是枉费的了。

——《爱眉小札·书信》

1925年3月9日，徐志摩欧洲之行的前夜，新月社里一帮好友为他摆宴饯行，其中就包括陆小曼与王庚。席间，陆小曼一杯一杯地饮着酒，眼神里盛满了离别的悲伤，“我不是醉，我只是难受，只是心里苦……”可徐志摩却只能在一边看着，看得肝肠寸断。他何尝不懂她的苦，何尝不是感同身受？但此时她依然是王太太，就像这世间最大的痛苦，不是生老病死，不是怨憎别离，而是爱人站在你面前，你却要当她是陌生人。

> 我的肝肠寸寸的断了，今晚再不好好的给你一封信，再不把我的心给你看，我就不配爱你，就不配受你的爱……“我不是醉，我只是难受，只是心里苦……”你那话一声声像是钢铁锥子刺着我的心：愤，慨，恨，急的各种情绪就像潮水似的涌上了胸头；那时我就觉得什么都不怕，勇气像天一般的高，只要你一句话出口什么事我都干！为你我抛弃了一切，只是本分为你我，还顾得什么性命与名誉……我人虽走，我的心不离开你，要知道在我与你的中间有的是无形的精神线，彼此的悲欢喜怒此后还是会相通的，你信不信……记住，只要你耐得住半年，只要你决意等我，回来时一定使你满意欢喜，这都是可能的；天下没有不可能的事——只要你有信心，有勇气，腔子里有热血，灵魂里有真爱。……
>
> ——《爱眉小札·书信》

酒席过后，窗外升起清薄的月色，慈爱地抚慰着老北京城。这一夜，徐志摩坐在窗前，摊开纸墨，给陆小曼写了整整一夜的信。

孤旅

西伯利亚：——我早年时想象
你不是受上天恩情的地域：
荒凉、严肃，不可比况的冷酷。
……

但今天，我面对这异样的风光——
不是荒原，这春夏间的西伯利亚，
更不见严冬时的坚冰、枯枝、寒鸦；
在这乌拉尔东来的草田，茂旺、葱秀，
牛马的乐园，几千里无际的绿洲，
更有那重叠的森林，赤松与白杨，
灌属的小丛林，手挽手的滋长；
那赤皮松，像巨万赭衣的战士，
森森的、悄悄的，等待冲锋的号示，
那白杨，婀娜的多姿，最是那树皮，
白如霜，依稀林中仙女们的轻衣；
就这天——这天也不是寻常的开朗：
看，蓝空中往来的是轻快的仙航，——
那不是云彩，那是天神们的微笑，
琼花似的幻化在这圆穹的周遭……

——《西伯利亚》

1925年3月11日，离别的车站，天地苍茫，明月初上，徐志摩看着小曼站在人群中强忍着眼泪挥手，竟又想起与林徽因的那次车站分别。彼时他与泰戈尔一同去太原，心里也是绵绵的凄怆。但不同的是，上次是向西，向西是追落日，这次是向东，向东是迎朝阳。他不禁安慰自己，待他日回京，局面一定会迎来新的转机。

这一次欧洲之行，徐志摩特意多带了三支笔。他不仅要给小曼写信倾诉情思、报告见闻，从而给她精神上的鼓舞与安慰，另外在游历方面，他也已受聘为《现代评论》的特约通讯员，须将沿途风物所感，适时寄回国内发表。

列车奔驰在草木复苏的春天里，从天津到奉化，从哈尔滨到满洲里，再入西伯利亚。窗外的白杨正在抽枝，车轮在铁轨上嚓嚓而行，他夹杂在陌生的旅人之间，举目无亲，身心异处，一低头，便觉得心思喑哑，梦魂不得安宁。

于是笔墨即成了最贴心的陪伴。他给陆小曼写信，一落笔，就是："很惦记你，直想把你装在提包里带走……"还有，"大家竟把我这个大学教授当学生看，真是有趣得紧"，"回国之后，我只愿与她寻一清净之处，不慕荣华，不念富贵，过一种只羡鸳鸯不羡仙的隐逸生活"。

火车经过西伯利亚时，窗外的奇异美景又让徐志摩终生难忘，而且彻底颠覆了他之前的想象。其实西伯利亚只是人少，那里并不荒凉。相反，窗外是连绵的赤松与农田，丛林森森，绿洲丰茂，白皮松树婀娜如霜，冰雪映衬的天空简直干净到虚无，还带着澄明的宗教意味。贝加尔湖周围尤其美，山岭与湖泊亘古相守，美丽而缄默，小木屋里燃烧起炊烟，牲畜在湖边缓缓地走着，朴素又安静。

在莫斯科停留时，徐志摩去瞻仰了列宁的遗体，也去凭吊了契诃夫与克鲁泡特金。对于吊古，他认为是有趣和诗意的，是一种柔情的寄托，沧海桑田，青梗枯骨，帝国迷梦，风烟沉沙……当一切的纷争都消纳在了无声的墓穴里，已往的韶光，便可以用来慰藉心灵的幽独。

而他却不知道，自己即将面临的，会是一个多么沉痛的打击。因为，就在他前方的柏林，死神的脚步，已悄然靠近了一个无辜的小生命。那样的消息，一点都不有趣，一点都不诗意。

1925年3月26日，德国柏林。徐志摩怀着欣喜而复杂的心情，抵达了张幼仪的住处。在火车上，他就曾写信告知小曼，去柏林，他只是为了去探望次子彼得（德生）。可当他见到彼得时，彼得已经变成了一撮瘦弱的冷灰。

彼得，可爱的小彼得，我“算是”你的父亲，但想起我做父亲的往迹，我心头便涌起了不少的感想；我的话你是永远听不着了，但我想借这悼念你的机会，稍稍疏泄我的积愫……是怨，是恨，是忏悔，是怅惘？对着这不完全，不如意的人生，谁没有怨，谁没有恨，谁没有怅惘？除了天生颟顸的，谁不曾在他生命的经途中——葛德说的——和着悲哀吞他的饭，谁不曾拥着半夜的孤衾饮泣？我们应得感谢上苍的是他不可度量的心裁，不但在生物的境界中他创造了不可计数的种类，就这悲哀的人生也是因人差异，各各不同，——同是一个碎心，却没有同样的碎痕；同是一滴眼泪，却难寻同样的泪晶。

彼得我爱，我说过我是你的父亲。但我最后见你的时候你才不满四月，这次我再来欧洲你已经早一个星期回去，我见着的只你的遗像，那太可爱；与你一撮的遗灰，那太可惨。你生前日常把弄的玩具——小车，小马，小鹅，小琴，小书——你妈曾件件的指给我看……只可惜是迟了，这慈爱的甘液不能救活已经萎折了的鲜花，只能在他纪念日的周遭永远无声的流转。……

——《我的彼得》

年仅三岁的彼得因为突患急性脑膜炎，夭折于一个星期前，丧子之痛，痛断肝肠，捧着小彼得的骨灰罐，徐志摩愧疚的泪水淌了一脸。

苏苏是一个痴心的女子：
像一朵野蔷薇，她的丰姿；
像一朵野蔷薇，她的丰姿——
来一阵暴风雨，摧残了她的身世。

这荒草地里有她的墓碑：
淹没在蔓草里，她的伤悲；
淹没在蔓草里，她的伤悲——
啊，这荒土里化生了血染的蔷薇！

那蔷薇是痴心女的灵魂，
在清早上受清露的滋润，

到黄昏时有晚风来温存，
更有那长夜的慰安，看星斗纵横。

你说这应分是她的平安？
但运命又叫无情的手来攀，
攀，攀尽了青条上的灿烂。——
可怜呵，苏苏她又遭一度的摧残！
——《苏苏》

《苏苏》是徐志摩为张幼仪写的第二首诗。彼得的离去，让张幼仪再一次遭受到了命运的摧残。她很是憔悴，一双眼睛哭得红肿，徐志摩忍不住与她抱头而哭。相同的悲伤，就像内心相通的路途，他们在那里点灯相遇，像亲人一样取暖。

但张幼仪远比徐志摩想象的更坚强。晚年的她，在回忆中将人生一分为二，即去德国前与去德国后。去德国前，她什么都怕，怕离婚，怕做错事，委曲求全，如履薄冰。去德国后，她先失去了婚姻，再又失去了儿子，创痛让她跌至谷底。而她终是凭借自己的智慧与能力，在风雨中蜕变，在那个孱弱的年代赢得了普遍的尊重。从东吴大学的德语教师，到上海女子商业银行的副总裁，再到云裳服装公司的总经理，她用一双手，撑起了属于张幼仪的那片晴空，再也无人能够更改。

第五章

爱眉小札

漫游

……

爱，你永远是我头顶的一颗明星：
要是不幸死了，我就变一个萤火，
在这园里，挨着草根，暗沉沉的飞，
黄昏飞到半夜，半夜飞到天明，
只愿天空不生云，我望得见天，
天上那颗不变的大星，那是你，
但愿你为我多放光明，隔着夜，
隔着天，通着恋爱的灵犀一点……

——《翡冷翠的一夜》

1925年4月，就在失去彼得后不久，徐志摩又收到泰戈尔已经离开欧洲的消息。因为汹涌而来的病痛，年迈的诗人必须先回印度休养。而彼时国内的小曼也是久未来信，为此徐志摩很焦虑，也很茫然，精神状态极差，几近茶饭不思。

泰戈尔是一定要见的，这比在菩萨面前许下的心愿还要紧。徐志摩写信给泰戈尔寻求指引，到底下一步该何去何从："您一定要让我知道如何选择，是（一）续留欧洲候你再来，还是（二）我六月左右赴印打算与您在山迪尼基顿见面……无论如何，我非见您不可。”泰翁很快回信，说希望能在意大利与之相会，但他病情须要缓解，到达之时，怕是要等到八月左右。

几个月的等待无疑是枯燥的。于是，徐志摩决定先去漫游欧洲。这一次，张幼仪将以朋友的身份与他同行。首先，他们先去了巴黎，去感受那个浪漫之都的绵软与温情：

> 咳巴黎！到过巴黎的一定不会再希罕天堂；尝过巴黎的，老实说，连地狱都不想去了。整个的巴黎就像是一床野鸭绒的垫褥，衬得你通体舒泰，硬骨头都给熏酥了的——有时许太热一些，那也不碍事，只要你受得住。赞美是多余的，正如赞美天堂是多余的；咒诅也是多余的，正如咒诅地狱是多余的。巴黎，软绵绵的巴黎，只在你临别的时候轻轻地嘱咐一声“别忘了，再来！”其实连这都是多余的。谁不想再去？谁忘得了？
>
> 香草在你的脚下，春风在你的脸上，微笑在你的周遭。不拘束你，不责备你，不督饬你，不窘你，不恼你，不揉你。它搂着你，可不缚住你：是一条温存的臂膀，不是根绳子。它不是不让你跑，但它那招逗的指尖却永远在你的记忆里晃着。多轻盈的步履，罗袜的丝光随时可以沾上你记忆的颜色！……
>
> ——《巴黎的鳞爪》

巴黎的优雅是在骨子里的。温驯的塞纳河倒映着卢浮宫的身影，巴黎圣母院肃穆的钟声仿佛能将人心最深处的惆怅沉淀下来，不再悸动。不过在离开巴黎后，张幼仪就继续回柏林学校上课了，徐志摩则去了意大利的佛罗伦萨。

佛罗伦萨位于亚平宁山脉中段的西麓盆地，四周丘陵环抱，风景十分秀美，是意大利语中的百花之城。而自从徐志摩去过后，佛罗伦萨又有了另一个令人心醉的名字，“翡冷翠”。徐志摩将佛罗伦萨称之为“翡冷翠”，幽美得像是花间词里的古玉器。

在翡冷翠，徐志摩寄居在群山之中的一所幽雅别墅里。别墅的女主人很有文化修养，待人平和，且对泰戈尔非常敬慕。在那里，他度过了一段难忘的清好时光。

山中的景色，总是特别吸引人。空气是明净的，近谷内不生烟，远山上不起雾，山风幽远，迷醉性灵。时值初夏，树木也格外苍翠，繁花欣然绽开，他经常会踩着一路的鸟鸣进山品尝鲜果，像是去赴一个美丽的约会。大自然铺开的筵席，每一位过客都是座上宾。他就像一个天真的婴孩，扑入母亲的怀抱，可以纵情地撒野，恣意幸福。

……做客山中的妙处，尤在你永不须踌躇你的服色与体态；你不妨摇曳着一头的蓬草，不妨纵容你满腮的苔藓；你爱穿什么就穿什么；扮一个牧童，扮一个渔翁，装一个农夫，装一个走江湖的桀卜闪，装一个猎户；你再不必提心整理你的领结，你尽可以不用领结，给你的颈根与胸膛一半日的自由，你可以拿一条这边颜色的长巾包在你的头上，学一个太平军的头目，或是拜伦那埃及装的姿态；但最要紧的是穿上你最旧的旧鞋，别管他模样不佳，他们是顶可爱的好友，他们承着你的体重却不叫你记起你还有一双脚在你的底下……

——《翡冷翠山居闲话》

自然让他找到了最初的愉悦，没有负担，非常纯粹。山水之间，美景的意义所在，正是为了让人忘却忧愁，回归本真。

“我这次到欧洲来倒像专做清明来的”，徐志摩后来在《欧游漫记》中如是回忆道。确实，契诃夫、克鲁泡特金、小仲马、曼殊斐儿、伏尔泰、波德莱尔、茶花女、哈哀内、勃朗宁夫人、米开朗基罗、但丁、梅迪启家族、雪莱、济慈……不管是知名的还是不知名的墓地，他都愿意去凭吊一番。

在翡冷翠，他去凭吊勃朗宁夫人，知晓勃朗宁夫妇的传奇爱情后，他被深深地触动了。他本以为，凡是天才十分之九是没有婚姻和家庭的幸福的。一部人类文化的艺术史，几近于一部爱情的悲剧史。譬如拜伦，离婚后一生颠沛流离；譬如歌德，在恋爱的旋涡里浮沉一生不得真爱；譬如哈哀内，他的玛蒂尔代是一个不识字的姑娘；譬如济慈，为了一个永远娶不到的姑娘心痛呕血；又譬如达·芬奇与米开朗基罗，他们终身都不曾成家……而勃朗宁夫妇却是个例外。

勃朗宁夫人是英国维多利亚时代最受人尊敬的诗人之一。她出生在英格兰，15岁时因骑马摔伤了脊椎，下肢瘫痪长达24年。而自从39岁那年，结识了小她6岁的诗人罗伯特·勃朗宁后，她幽怨晦涩的生命便打开了新的篇章。爱情让她散发出少女一般的光泽。勃朗宁的执着更是感动了上苍，她竟奇迹般地重新站了起来。但她的父亲却反对她与勃朗宁先生在一起，于是，他们不得不选择私奔到另外一个城市。婚后，他们度过了15年的幸福生活，执子之手与子偕老的传说，在他们身上，得到了鲜活的印证与纪念。临终之时，她微笑地在爱人怀里闭目睡去，像一片羽毛回归翅膀一样，轻巧而安然。

勃朗宁夫人的爱情故事，让徐志摩愈加思念陆小曼，“感情是我的指南，冲动是我的风”。他随即写信给小曼，告诉她关于勃朗宁夫妇的爱情故事，还向她建议，如若还是得不到谅解与自由，不妨也像勃朗宁夫妇一样私奔。

当然，这个计划最后并没有成为现实，因为横亘在他们之间的阻隔，远远不止于一个“经商的父亲”。他们须要面对的，不仅有双方的父母，小曼的丈夫，还有来自社会的各种舆论和压力。所以，即便有一天他们可以从繁芜的关系中抽离，也将注定是一次撕裂，怎样的走向，都是伤筋动骨。如一场华丽的战役，杀敌一万自损三千，有多少欢悦，就有多少伤害，永远都不会有完满。

但对于这时的徐志摩来说，如若不能在这世界上实现爱，那也宁愿到死里去实现，用生命的终结打破阻碍。悲剧总是壮丽的，生与死，胜利与败灭，光荣与沉沦，阳光与黑夜，欢乐与寂寞，都是相辅相成的，而绝对的爱与美，只在璀璨的无底深渊，只属于真正的勇者，或亡者。

若说徐志摩在翡冷翠还有什么遗憾，那便是他没能拜访到仰慕已久的大作家邓南遮先生（丹农雪乌）。于是在山居期间，他利用空闲重新拜读了邓南遮的许多作品与相关传记，先后写下了《意大利与丹农雪乌》、《丹农雪乌的青年时期》、《丹农雪乌的小说》、《丹农雪乌的戏剧》等文章，还翻译了其戏剧《死城》，可谓是受益良多。

而且，无论是浪漫主义的炽情，还是对文字纯艺术化的描绘，邓南遮的作品对徐志摩的影响，都是极深远的。在生命的诗歌与死的赞美的合奏中，撇开苦痛，窥见的便只有爱与死的相通之处，故此，他又发出“生、死、爱三连环的迷谜；拉动一个，两个就跟着挤”的感悟，并以这种感悟为信念，燃烧在生活与爱情里，半阵风吹，即可用微弱的战栗，溃决大河、剖断岗岭。

同年7月上旬，徐志摩受狄更生之邀，暂别玉簪花一般的翡冷翠，去康桥小住。时间倏忽，三年之后重回英伦，他不禁感慨万千。当初他为了追随罗素的思想涉洋而去，又为了追寻最初的恋情抱憾离开。在那里他唤醒了诗情、洗濯了灵魂，也收获了一生的情谊与感动……细数康桥的光阴，又有哪一丝哪一缕，不是心尖最微纤的部分。

与狄更生会面之后，徐志摩又去康华尔看望了罗素夫妇。令他惊喜的是，由狄更生引见，他还拜访了一位久慕的文坛英雄，英国著名的诗人与小说家——托马斯·哈代（Thomas Hardy）。

一直以来，对于“英雄崇拜”的情结，徐志摩都从不避讳。如他所说，“山，我们爱登高山，人，我们为什么不愿意接近伟大的人？”但接近大人物正如爬高山，往往是一件费劲的事，不仅得有热心，还得有耐心。半道上力乏是意中事，草间的刺也许拉破你的皮肤，可只要想到登临危峰时的愉快，怎样的曲折都是值得。而且，愈是崎岖，获得的喜悦就愈是浓烈。所以，只要有力量爬，就不能放过任何一个“登高”的机会。

如其你早几年。也许就是现在，到道骞司德的乡下，你或许碰得到“裘德”的作者，一个和善可亲的老者，穿着短裤便服，精神飒爽的，短短的脸面，短短的下颏，在街道上闲暇的走着，照呼着，答话着，你如其过去问他卫撒克士小说里的名胜，他就欣欣的从详指点讲解；回头他一扬手，已经跳上了他的自行车，按着车铃，向人丛里去了……

——《谒见哈代的一个下午》

这是徐志摩未见哈代之前对他的印象，也是读他的文字所产生的想象，经过他的笔，就像一首流淌的绮丽长诗，散发出丝绸的光泽。而当他真正见到哈代时，又完全颠覆了想象。这种颠覆，一旦有了崇拜之心映衬，便格外地显得神奇起来。

那是一个温柔的下午，天气好极了。徐志摩从伦敦乘车到道骞斯德，一路都很激动。哈代先生居住的园子，左侧是一带绵邈的平林，门外的青草，一直绿到天边，墙壁上也爬满了藤萝，整个房子简直就是个童话里的城堡，仿佛冷不丁就会走出一个精灵来。

……这时候他斜着坐，一只手搁在台上头微微低着，眼往下看，头顶全秃了，两边脑角上还各有一鬃也不全花的头发；他的脸盘粗看像是一个尖角往下的等边形三角，两颧像是特别宽，从宽浓的眉尖直扫下来束住在一个短促的下巴尖；他的眼不大，但是深窈的，往下看的时候多，不易看出颜色与表情。最特别的，最“哈代的”，是他那口连着两旁松松往下坠的夹腮皮。如其他的眉眼只是忧郁的深沉，他的口脑的表情分明是厌倦与消极。不，他的脸是怪，我从不曾见过这样耐人寻味的脸。……

——《谒见哈代的一个下午》

虽然没有精灵，却真的住了一个果核似的小老头。哈代与徐志摩谈论了诗歌的韵律、共同的朋友，也谈论了他建筑的本行……就像是经历了一场奇妙的旅程。

告别之时，已经有轻微的暮色笼了上来。哈代先生俯身到花坛里采了两朵石竹花送给徐志摩，徐志摩把花插在衣襟上，心中突然通透不已。在那样的夏日黄昏，清风吹起他的衣角，地上留下瘦长的影子，竟飘逸得如同一位风雪夜归来的古人，一钓一花一蓑衣，若再得一舍一灯一佳人，便再无索求了。

挣扎

又是一个深夜，寂寞的深夜，在山中，
浓雾里不见月影，星光，就是我：
一个冥蒙的黑影，蹀躞的沉思，
沉思的蹀躞，在深夜，在山中，在雾里，
我想着世界，我的身世，懊怅，凄迷，
灭绝的希冀，又在我的心里惊悸，
摇曳，像雾里的草须：她在哪里？
啊！她；这深夜，这浓雾，淹没了
天外的星光与月彩，却遮不住
那一点的光明，永远的，永远的，像一星
宝石似的火花，在我灵魂的底里；我正愿，
我愿保持这不朽的灵光，直到那一天
时间要求我的尘埃，我的心停止了跳动，
在时间浩瀚的尘埃里，却还存着那一点——
那一点神明的火焰，跳动，光艳，
不变
不变！

——《那一点神明的火焰》

1925年7月，徐志摩终于收到了陆小曼的电报，却是催他赶紧回北京相见最后一面。他不敢再做片刻停留，从电报上那些简单的字句里，他能够清晰地感觉到，自己与小曼的爱情，已经到达了生死关头，成败在此一举。

在路上，他给小曼写信："来！我的爱，我们手里有刀，斩断了这把乱丝才说话。——要不然，我们怎对得起给我们灵魂的上帝！是的，曼，我已经决定了，跳入油锅，上火焰山，我也得把我爱你洁净的灵魂与洁净的身子拉出来……"

那么，以爱为刀，斩断乱丝，真的可以吗？远赴欧洲游学的那几个月里，徐志摩哪里知道，陆小曼受了多少煎熬。就像是经历了一场心灵的炼狱，她的生活，除却对爱的念想，几乎成了一盘郁郁寡欢的死棋，身不由己，进退两难：

> ……摩！你还不回来，我怕你没有机会再见我了，我的心脏都要裂了，我实在没有法子自己安慰自己，也没有勇气去同她们争言语的短长了。今天和他大闹了一回，回进房里倒在床上就哭，摩！我为什么要受人奚落！叫人家看着倒像我做了愧心事似的！这种日子我再也忍受不下了。
>
> ——《爱眉小札·小曼日记》

> 十六那天本想去妹妹家的，谁知是三太太的生日，又是不能不去，在她家里见了寄妈，被她取笑得我泪往里滚，摩！我害了你了，我是不怕，好在叫人家说惯了，骂我的人，冤枉我的人也不知有多少，我反正不与人争辩，不过我不愿意连你也为我受骂，咳！我真恨，恨天也不怜

我，你我已无缘，又何必使我们相见，且相见而又参这个时候，一无办法的时候？在这情况之下真用得着那句“恨不相逢未嫁时”的诗了。现在叫我进退两难，丢去你不忍心，接受你又办不到，怎不叫人活活的恨死！难道这也是所谓天数吗？

——《爱眉小札·小曼日记》

我的投进你的生命中也许是于你不利，也许竟可破坏你的终身的幸福的，我自己也明白，也看得很清，而且我们的爱是不能让社会明了，是不能叫人们原谅的……我很愿意你能得着你最初的恋爱。我愿意你快乐，因为你的快乐就和我的一样。我的爱你，并不一定要你回答我，只要你能得到安慰。我心就安慰了，我还是能照样的爱你，并不一定要你知道的。

——《爱眉小札·小曼日记》

摩！唯一的希望是盼你能在二星期中飞到，你我作一个最后的永诀。以前的一切，一个短时间的快乐，只好算是一场春梦，一个幻影，没有留下一点痕迹，可以使人们记念的只能闭着眼想想，就是我唯一的安慰了。从此我不知道要变成什么呢？也许我自己暗杀了自己的灵魂，让躯体随着环境去转，什么来都可以忍受，也许到不得已时我就丢开一切，一个人跑入深山，什么都不看见，不要想，同没有灵性的树木山石，跟不会说话的鸟兽去做伴侣，忘却一切的一切一切。

——《爱眉小札·小曼日记》

四个多月的时间，陆小曼一有空就会写日记。书信往来总是不便的，一来须要劳烦胡适交转，二来时间往返也极久。除书信外，记日记倒是成了一种情感宣泄的好方式，可以适时地一松胸襟，如同忽得一知己，无论是日常琐事，还是爱恨情痴，都能够放宽了心地往纸上说。

最初，陆小曼不是不坚毅的。她想给他一份完整的爱，毫无保留，两情相悦，永以为好。但随着时间的推移，她不仅发现自己身体越来越弱，而且与现实的隔阂也越来越大。以前与丈夫王庚还可以勉强相对，但自从关系挑明后，就变得十分尴尬，处处如履薄冰，空气里全是窒息的味道。

社会、家庭、父母三方面的压力，都是沉重而尖锐的，让陆小曼喘不过气来。而徐志摩又偏生不在身边，她便更加感觉孤独无助、痛楚不堪。原来生命不可承受之重，全是心上的分量。

在那段时间里，陆小曼将自己形容成黑夜里的海上孤舟，天光微弱，前途茫然。其实背后的指责，旁人的嘲笑，她都可以装作不去理会，可父母的不谅解，却只能越发加深她的悲苦，“自寻烦恼，自找痛苦，好好的日子不过，一天到晚只是去模仿外国小说上的行为，讲爱情，说什么精神上痛苦不痛苦，那些无味的话有什么道理……”

她也哭闹过，以死相挟过，但除了换来父母的双泪俱流和“要死一起死”的狠话，便只有更深的绝望。毕竟是骨肉亲情，她又怎忍真正将这层关系逼至绝路？流言和非议本就让父母感觉面上无光，更何况在父母心里，一位女子最大的幸福，莫过于夫荣子贵，至于个人的喜怒哀乐，全是小事情，在大荣贵面前，自然是可以压制和忽略的。

可她不能忽略，更不能压制，她的心气有多高，就注定她的痛苦有多深。是时，王庚被调至上海，担任孙传芳的五省联军总司令部参谋长之职。不久后，王庚给小曼的父母来信，语气极为严肃。在小曼看来，什么务必一星期内南下团聚，否则就是不顾夫妻情面，那根本就是长官给下属下达的命令。可陆家收到如此“通牒”，分明如临大敌，不容分说地就要送小曼去上海。小曼性急，又气又恼地当即便晕了过去……

陆小曼病倒了。病来如山倒，如山倒的除了身体，还有意志，心已碎，万念憔悴。所以，她在万般无奈之时，才会生出让徐志摩重新去追求林徽因的想法。她知彼时林徽因也在欧洲，若徐志摩能得到“最初的恋爱”，那么她也可以从他的幸福中得到些许的安慰。

但徐志摩说：“你早已成我灵魂的一部，我的影子里有你的影子，我的声音里有你的声音，我的心里有你的心；鱼不能没有水，人不能没有氧；我不能没有你的爱。”

他的爱是炽热的，也是坚贞的。如果信念可以任意回头，人间便不会有那么多忧愁。这一点，他又怎会不懂?

回到北京后，徐志摩终于见到了日思夜想的陆小曼。看着眼前被精神与病痛折磨得憔悴不堪的恋人，再翻看她记下的日记，他不禁心如刀割。离别的痛苦和相见的甜蜜交合在一起，幸福便霎时在伤口上开出花来，美丽而哀凉。

8月31日，徐志摩在日记里写下："'如此星辰非昨夜，为谁风露立中宵'，多凄凉的情调呀……织女与牛郎，清浅一水隔，相对两无言，盈盈复脉脉。"

为了尽快打动小曼的母亲，徐志摩决定亲自登门拜访。但结果却是不欢而散。不仅如此，陆家知道徐志摩回京后，还禁止了小曼与其见面。徐志摩又是无奈，又是焦急，便只有请胡适再去做说客，希望使僵持的现状有所改观。只是陆夫人态度异常坚决，胡适也落了个无功而返。

我来扬子江边买一把莲蓬；
手剥一层层莲衣，
看江鸥在眼前飞，
忍含着一眼悲泪——
我想着你，我想着你，啊小龙！

我尝一尝莲瓤，回味曾经的温存：——
那阶前不卷的重帘，
掩护着同心的欢恋，
我又听着你的盟言，
"永远是你的，我的身体，我的灵魂。"

我尝一尝莲心，我的心比莲心苦；
我长夜里怔忡，
挣不开的噩梦，

谁知我的苦痛？

你害了我，爱，这日子叫我如何过？

但我不能责你负，我不忍猜你变，

我心肠只是一片柔：

你是我的！我依旧将你紧紧的抱搂——

除非是天翻——但谁能想象那一天？

——《我来扬子江边买一把莲蓬》

同年的9月4日，徐志摩去看望在上海暂居的父母。在列车上，他想起陆小曼，便写下了这一首忧伤悱恻的小诗。

而在徐志摩到达上海后，王庚再次催促小曼南下团聚。小曼本不愿面对王庚，但因为徐志摩在上海，她还是答应与母亲一道南下。或许，她在希望，局面能在另一个城市得到转机。果然，就在两人的爱情山穷水尽之际，一位贵人出现了——他就是形容小曼“衣薄临醒玉艳寒”的画家刘海粟。

在上海，徐志摩曾与刘海粟彻夜长谈，跟他说欧洲游学之旅，更说与小曼浪漫又辛酸的情爱之途。刘海粟思想开阔，又是性情中人，听完徐志摩的爱情历程后，当即便表示，一定会给予他最大的支持和帮助。

刘海粟不仅是徐志摩的朋友，也是陆小曼的绘画老师，还是陆夫人的同乡，且与陆家关系亲切。陆夫人当他是自己的亲人，由他出面，事情很快便有了转机。

首先，刘海粟去探询了陆夫人的口风，得知她并不真心反感徐志摩，而是顾忌人言可畏。接下来，他又进行劝解："再这样拖下去，怕是小曼会病倒，而且志摩人才难得，夫人应衡量再三，断不可做令自己日后悔恨之事……"如此，听了海粟的话，又考虑到女儿的身体，陆夫人还真的着实重新思考了一番。

陆夫人这厢一松口，刘海粟那边就立马在上海有名的素菜馆"功德林"设了酒宴，一边嘱咐徐志摩按时参加，另一边又邀请了陆家母女、王赓、杨杏佛、唐瑛、李祖法、张君劢、唐腴胪来赴宴。

那一场在徐志摩眼中"惨极又趣极"的晚宴，整个场面是极富戏剧性的，因为本就是醉翁之意不在酒，且人物之间的关系还十分微妙。当时杨杏佛正与上海名媛唐瑛处于苦恋之中，而唐瑛的未婚夫又是在座的富家公子李祖法；张君劢是徐志摩前妻的哥哥，唐腴胪又是唐瑛的哥哥；陆小曼是王庚的妻子，徐志摩又是陆小曼的恋人……可谓是错综复杂，各怀心事。

酒宴之上，刘海粟高谈阔论，他从反封建思想，说到男女婚姻，再说到男女结合的基础是爱情，没有爱情的婚姻，才是真正违反道德的。夫妇之间如果没有爱情造成离婚，离婚后还应当保持正常的友谊，这也算是一份功德了……

说者有意，听者有心。王庚明白，事已至此，若再不放小曼离开，事情或许真的会发展到不可挽回的地步。自由不一定得到最终的幸福，但一定是幸福的前提与底质。那么与其让她在折磨中枯萎，不如用最大的包容与宽怀，去给她自由。

愿心

原是你的本分，朝山人的胫踝，
这荆刺的伤痛！回看你的来路，
看那草丛乱石间斑斑的血迹，
在暮霭里记认你从来的踪迹！
……

前冲；灵魂的勇是你成功的秘密！
这回你看，在这决心舍命的瞬息，
迷雾已经让路，让给不变的天光，
一弯青玉似的明月在云隙里探望，
依稀窗纱间美人启齿的瓠犀，——
那是灵感的赞许，最恩宠的赠与！

更有那高峰，你那最想望的高峰，
亦已涌现在当前，莲苞似的玲珑，
在蓝天里，在月华中，秾艳，崇高，
朝山人，这异象便是你跋涉的酬劳！

——《无题》

1925年秋，王庚正式与陆小曼离婚。徐志摩则应陈博生、黄子美之邀北上京城，正式接编了《晨报副刊》，负责文艺版的编辑工作，并由此翻开他文学生涯中最光耀的一个篇章。

办一份真正属于文学的刊物，一直是徐志摩的夙愿。早在1923年3月，即《时事新报》改组之时，梁启超就曾推荐徐志摩去编辑副刊《学灯》，但彼时他回国不足半年，资历尚浅，最终没能成功。是年冬，张君劢组织理想会，拟办《理想月刊》，又热忱地邀徐志摩参加并向其约稿，徐志摩的激情再一次被点燃，于是奋笔疾书了一篇《政治生活与王家三阿姨》投之，欣然等待机遇。谁知该"理想"因种种原因未能实现，失望之余，他的文章也只有转投《京报副刊》连载发表。1924年4月，泰戈尔在访华时建议徐志摩办一份英文季刊，以此连接多个国家的知识界讯息。徐志摩也积极筹备了各项事宜，包括邀请博士金岳霖合作，可北方战事一起，一系列的工作又只能被迫停止。

机会总是留给有准备的人。徐志摩从欧洲回国后不久，就收到了《晨报》负责人的竭力邀请，他们希望他能接手副刊，最大程度地宣传好"五四"期间的新兴文化。而那时他正为感情愁得焦头烂额，根本定不下心来，只有一再推辞与拒绝。如今陆小曼已恢复自由身，徐志摩的整个心境也随之被照亮。"我不再想成仙，蓬莱不是我的份；我只要这地面，情愿安分的做人"，他终于决定拿出勇气与信心，不再做缥缈的"云中鹤"，也不再"脚跟无线如蓬转"，而是要认认真真地做一点事业了。

1925年9月下旬，《志摩的诗》由中华书局代印出版。10月1日，由徐志摩主编的第一期《晨报副刊》又新鲜出炉。他以一篇《我为什么来办我想怎么办》表明了自己的思想与主张，以及办刊方针——不取媚、不掩讳、崇拜自由、彰显个性、向往光明："我自问我决不是一个会投机的主笔，迎合群众心理，我是不来的，谀附言论界的权威者我是不来的，取媚社会的愚暗与褊浅我是不来的。我来只认识我自己，只知对我自己负责任，我不愿意说的话你逼我求我我都不说的；我要说的话你逼我求我我都不能不说的……”

除此之外，徐志摩还有一个“愿心”，他想把自己用文字的方式整个儿地交给读者，交给这个时代的青年，聆听他们的脉搏，在他们的心间空隙依偎热血，与他们的情感同步。“一切都不是投射在白幕上的一个虚影，这个时代，已是病象的时代”，他不会治病，但他依然希望能替这时代多打开几扇窗，让空气流通，送走毒浊，迎来清醒的洁净。

我想——我想开放我的宽阔的粗暴的嗓音，唱一支野蛮的大胆的骇人的新歌；

我想拉破我的袍服，我的整齐的袍服，露出我的胸膛，肚腹，肋骨与筋络；

我想放散我一头的长发，像一个游方僧似的散披着一头的乱发；

我也想跳我的脚，跳我的脚，在巉牙似的道上，快活地，无畏地走着。

……

——《灰色的人生》

首先，徐志摩给报纸加了头图，用的是闻一多的画，一个瘦骨嶙峋的男子赤裸着身子，站在山岩上绝望地呐喊，赤色的血液，流淌着渴念的激情。而后，他感觉原先的几个楷体毛笔字太平常，又重新请人写了刊名。晨报的老社长蒲伯英是书法家，又是前清举人，徐志摩便请他来题字。老先生长于隶书，而隶书中没有“刊”字，便以“镌”字代换，取雕刻磋磨之意。这样，《晨报副刊》就成了《晨报副镌》。

撰稿人是报刊的灵魂。得益于徐志摩的广泛结交，一接手“晨副”，新月社的同仁与文艺界的朋友都过来支持，其中就不乏知名作家、学者、社会名流。譬如有着长江大河般灵思的梁启超先生，譬如前《政治学报》的犀利主笔张奚若，譬如“从天上的星到我们肠子里的微菌，从广东话到四川话，从音乐到玄学，没有一样不精的”的赵元任……另外，他又邀请姚茫父、余越园两位先生谈中国美术；邀请刘海粟、钱稻孙、邓以蛰诸先生谈西洋艺术；邀请余上沅、赵太侔先生谈戏剧；邀请闻一多谈文学；邀请翁文灏、任叔永谈科学；邀请萧友梅谈西洋音乐；邀请李济之谈中国音乐……至于胡适、陈西滢、丁西林、张歆海、凌叔华、陶孟和、郁达夫等好友，更是不在话下。

有了高质量、多元化的稿源，时兴的版面，加之诸类新兴理念的实施，“晨副”在徐志摩的带领下，果然焕然一新。于是当时便有人言，“晨副”已经被新月派控制了。虽然并不是大部分刊登新月成员的作品，但从某种意义上来说，“晨副”的确从骨子里透出了徐志摩风格。

最典型的一点，就是徐志摩喜欢在别人的文章后面加一段批注，短则几百，长则几千，可谓颇得梁启超真传。相传蒋百里留德归国后，曾写了洋洋五万言的《欧洲文艺复兴史》交予恩师批阅，梁先生读后大为赞赏。在给此书作序时，文思泉涌，搁笔竟成五万字，震惊天下古今。更有趣的是，梁先生后又在序前加一短序，把长序改为著作出版，反过来请百里作序。而且，徐志摩性格浪漫、豪放、率真，又是“自家阵地”，但凡读罢他人文章，一有见解或共鸣，自然就烽火燎原式的不吐不快了。

于是，“晨副”版面上就到处可见“志摩注”、“志摩附记”。有次张奚若写了一篇仅一千多字的短文《副刊殃》，徐志摩就一口气加了将近两千字的附注；刘海粟寄来一千字的短文《特拉克洛洼与浪漫主义》，他又写了三千字的按语……如此二三，也不免让读者感觉他热情过了头，所以不久后，他就收到了一些来信，纷纷抱怨副刊编者的续尾实在太多。读者的声音是必须要倾听的，慎重思考一番，徐志摩真诚地在版面上向读者致了歉。在之后的编稿过程里，亦尽量做到精简附注，或不加附注。

1926年3月，国内发生了“三一八”血案，哀歌唱遍京城。“白的还是那冷翩翩的飞雪，但梅花是十三龄童的热血！”徐志摩在《梅雪争春——纪念三一八》中如是写。对于军阀的压制与杀戮，他表现出了强烈的痛恨与愤慨。那些血淋淋的事实，让爱好和平的他无法理解，无法忍耐，更无法原谅。以至后来，蒋梦麟出任教育部长时，要聘请他当司长，他坚决不就。

为了纪念这一次惨案，“晨副”开辟了《诗镌》专栏。刊头亦是闻一多设计，一匹神马双翼腾空，“诗镌”二字如同热血烙印。闻一多曾预言，《诗镌》的发行，将开辟诗坛上的新纪元。他们更希望的是，爱自由、爱正义、爱理想的热血，不仅要流在天安门、铁狮子胡同，更要流在笔尖、流在纸上。文艺与爱国不可分开，一个民族的警醒，来源于灵魂的纯净。

若说《诗镌》的问世促进了新诗的发展，那么之后1926年6月开辟的《剧刊》专栏，对戏剧的艺术化研究和推动更是具有不可磨灭的意义。当时戏剧正处于文明戏和爱美剧阶段向艺术剧转换的时期，戏剧界也在提倡戏剧的“严肃说”。而《剧刊》的出现，为清除传统观念，提高戏剧的艺术地位做出了重要贡献。

但是，《诗镌》只出了十一期，《剧刊》也只发行了十五期，其中最大的原因，就是局势的动乱与人员的离散，而徐志摩也即将与陆小曼筹备婚事。

旧日的繁华呈现出来的衰象，新的生机，即便有，也还在西风背后。可这不是悲观，这是写实。从1925年9月到1926年10月，对“晨副”的接编，是徐志摩通过自己的努力，展示才华、认清缺陷的过程，同时也让“晨副”跻身为那个时代四大著名副刊之一。

纵观徐志摩的一生，这也是他经历的不可替代的一年多辉煌时光。无论曾经的岁月如何乌云蔽天，停留在他心里的记忆，始终如云外的金边，清晰而隽永，葆有光明内部的感动与无畏。

爱墙

你我千万不可亵渎那一个字，
别忘了在上帝跟前起的誓。
我不仅要你最柔软的柔情，
蕉衣似的永远裹着我的心；
我要你的爱有纯钢似的强，
在这流动的生里起造一座墙；
任凭秋风吹尽满园的黄叶，
任凭白蚁蛀烂千年的画壁；
就使有一天霹雳震翻了宇宙，——
也震不翻你我“爱墙”内的自由！

——《起造一座墙》

1925年11月，徐志摩与陆小曼开始在北京同居，经历过风风雨雨，两人终于迎来了甜蜜自由的小生活。小曼在日记中称，“从此走入了天国，踏进了乐园”。而闲暇之余，徐志摩则最爱看小曼在房中练习书画，牡丹蛱蝶，春水桃花，烟雨江南，真是时光娴静，风月无边。

如果说还有遗憾的话，就是他们之间还少了一个夫妻的名分。但无奈徐家二老一直不肯接受陆小曼，这让徐志摩很是焦急。“凭至情至性的力量去打开，哪怕是铁山般的牢硬”，为了让父母同意婚事，徐志摩可谓煞费苦心，一方面，他恳请了正在南方的胡适前去劝解；另一方面，他又去与张君劢长谈，希望得到他的支持；另外，他还挨个到亲戚们家中游说，让其说情……好在最后父母也做出了让步，只要张幼仪同意，陆小曼就能进门。

同时，徐申如在陆小曼进门前还重新分割了家产，也算是为幼仪着想：一份三开，即老辈一份，幼仪与阿欢一份，徐志摩得一份。幼仪是干女儿，若未嫁，阿欢一份由她管，若嫁，能划取一份她自定的妆奁钱，余产则归于阿欢。

1926年春，徐家二老写信给张幼仪，希望她回来一趟，帮他们做一个决定。张幼仪不久后便回了国。这时徐志摩也将《晨报副刊》的编辑事务暂且搁置而迅速回南。

按照张幼仪后来的回忆，当时是在上海一家旅馆的套房里，徐申如问她：“你和我儿子离婚是真的吗？”张幼仪知道，老人只是想亲耳听她承认。她点头，平静地说道：“真的。”老人有些难过，又问她：“那你反对他同陆小曼结婚吗？”张幼仪摇摇头说：“不反对。”

听到张幼仪的回答，徐志摩瞬间松了一口大气，当场就像个孩子一样欢呼雀跃起来，还打开手臂，像要拥抱全世界一样。却不承想，他的“勒马玉”戒指就那样从窗口飞出——那是陆小曼送给他的订婚戒指。据说古时候有一位王子曾用这样的玉戒指挡在惊马面前救了自己的命，因为那样的玉实在太像青草，连烈马也忍不住想要驻足欣赏。徐志摩赶紧下楼去找，但一直没有找到。于是张幼仪忍不住想，这是某种不好的预兆吗？

徐志摩可不愿意相信什么预兆之说，他对幼仪感激万分，又立即写信给陆小曼分享这天大的喜讯："我从此知足，再不想望更高远的天空。我有你，什么都可以不要。抱住你，就比抱住整个的宇宙，还有什么缺陷，还有什么想望的余地？"

但最后徐申如还是列出了三个附加条件："一、结婚费用自理，家庭概不负担；二、婚礼必须由胡适做介绍人，梁启超证婚，否则不予承认；三、结婚后必须南归，安分守己过日子。"徐志摩满口答应。

1926年8月14日，正值七夕乞巧节，传说中牛郎织女相会的时日，徐志摩设宴北海董事会，正式与陆小曼举行订婚仪式。为此他还专门写了请柬，相邀在京的广大亲朋好友参加。据梁实秋后来回忆，那一日很是热闹，杨今甫、丁西林、任叔永、陈衡哲、陈西滢、唐有壬、邓以蛰等好友都去了，北海的清水亭榭边，衣香钗影，喧笑萦绕，到场宾客大约有百儿八十以上。

"喜今日赤绳系定，珠联璧合；卜他年白头永偕，桂馥兰馨。"是年10月3日，农历八月二十七，这对新人终于得以在北海画舫斋举行结婚典礼，相传仅来宾就有数百人，一时震惊京城。从照片上看，陆小曼头纱曳地，娇媚可人，倚在英俊的新郎身边，真是好一对璧人。

当日，胡适是主持人，金岳霖是伴婚人，梁启超则为证婚人。但轮到梁启超致证婚词时，他的一番话竟让新人与满堂宾客大惊失色："徐志摩、陆小曼，你们听着！你们都是离过婚，又重结婚的，都是过来人了，这全是用情不专，以后要痛自悔悟……希望你们不要再一次重蹈覆辙，再一次成为过来人，作为你徐志摩的先生——假如你还认我作先生的话，又作为今天这场婚礼的证婚人，我送你们一句话，祝你们这次是最后一次结婚！"

显然，梁启超并不情愿为徐志摩证婚，这个证词也不过是一番训词。翌日他便在家书中感叹："我昨天做了一件极不愿意做之事，去替徐志摩证婚……我在礼堂演说一篇训词，大大教训一番。新人及满堂宾客，无一不失色，此恐是中外古今未闻之婚礼矣……徐志摩这个人其实聪明，我爱他，不过看他此次陷于灭顶，还想救他出来，我也是一番苦心……我又看着他找到这样的一个人做伴侣，怕他将来痛苦无限，所以对那个人当头一棒，盼望她有所觉悟（但恐难），免得将来把志摩弄死，但恐不过是我极痴的婆心罢了！"

无论过程如何，徐志摩和陆小曼，终究还是做成了名正言顺的夫妻。执子之手的喜悦，足可忽略掉一切的隐忧与不快。按照与父亲当初的约定，结婚后不久，徐志摩就辞去了北大的教职，又把《晨报副刊》的编务委托给了瞿菊农，然后就带着小曼南下硖石了。在车上，他给自己定下南归后的目标："养父母（精神的，不是物质的），与眉养我们的爱，自己养我的身心。"

但令徐志摩始料未及的是，他的父母竟与陆小曼完全相处不来。一个月后，矛盾终于爆发，徐家二老一气之下便收拾了行李去北京投奔张幼仪。一见到张幼仪，老太太就忍不住向前儿媳控诉陆小曼的种种不是，比如陆小曼是离婚再嫁，却要求享受初嫁时的六抬花轿，让徐志摩吃她吃剩的饭，让徐志摩抱她上楼……

可张幼仪能说什么呢？甲之蜜糖，乙之砒霜，作为一个从未享受过徐志摩半分好的女人，她那一刻除了叹息，也只能尽一个干女儿的情分，对老人说一说宽慰的话了。

而徐志摩这边，还正在忙着为陆小曼修建新房。父母走后，他虽有无奈与愧疚，但总的来说，还是免去了夹在中间左右为难的烦恼，情绪上，也放松了不少。

新屋完工后，上下楼共有二十余个房间，而且都带有冷热水管，明亮的电灯，还有浴室。门前开辟了草地，用来杂种花木，楼后有屋顶露台，可远瞰远山景色。东山的风韵，西山的诗情，尽收眼中。家乡，爱人，宁静的港湾。在远离尘嚣的古镇上，他们终于可以像初见一样相爱，像末日一样厮守，为自己筑起一道爱墙，全然不理世事深浅。

第六章

乱世寻梦

战乱

昨天我瓶子里斜插着的桃花，
是朵朵媚笑在美人的腮边挂；
今儿它们全低了头，全变了相：——
红的白的尸体倒悬在青条上。

窗外的风雨报告残春的运命，
丧钟似的音响在黑夜里叮咛：
“你那生命的瓶子里的鲜花也
变了样；艳丽的尸体，谁给收殓？”

——《残春》

“林花谢了春红，太匆匆。无奈朝来寒雨，晚来风。胭脂泪，相留醉，几时重。自是人生长恨，水长东。”不知道徐志摩在写这首《残春》时，有没有想到李后主的《相见欢》。人生总是这般相见如欢，然而良辰稍纵即逝，美景转瞬荼蘼，奈何再盛大的筵席，也终有一天要离散。

很多年后，徐积锴曾说过一句话，“我觉得，这一生，我父亲的命还是太苦……”的确，放眼徐志摩短暂的一生，他奋发过，辉煌过，悲苦过，也落魄过，但真正属于他的美好时光，却是屈指可数。

徐志摩曾深受罗素的思想影响，也曾欣羡过携爱侣隐居的生活，但奈何命运弄人，新婚回南后不久，北伐战争的火焰就蔓延到了江南。局势动乱，硖石亦不能幸免，很快，徐家大宅就被北伐军占领了，于是，他不得不携陆小曼赶往上海避难。

到达上海后，徐志摩与陆小曼便寻了一处花园别墅住下。打点停当后，徐志摩便立即给张幼仪写信，询问父母的情况，并希望二老能来上海同住。但尴尬的是，战火纷飞中，老人们宁愿与前任儿媳住在一起，也不愿与亲生儿子团聚。显然，他们还是不能真心接受陆小曼。

而在彼时，战乱让北洋政府岌岌可危，财政已经枯竭到发不出教员薪金的地步。北京新月社的一些朋友也纷纷被迫南迁，其中就包括闻一多、饶孟侃、余上沅、丁西林、叶公超、潘光旦、邵洵美等人。他们来到上海寻求一隅安宁，因为在租界内，至少可以暂时免去内战之苦。不久后，梁实秋、刘英士、张禹久等人也留学回国，与欧行归来的胡适一起搬到上海居住。

当时的上海，尚是殖民统治下的十里洋场，中外巨商荟萃，人称东方巴黎。租界绚烂的繁华里，灯红酒绿，醉生梦死，充斥着浓郁的西洋风情。“在那怨毒、猜忌、残杀的空气中，我的神经每每感觉到一种不可名状的压迫。”尽管徐志摩并不喜欢上海的氛围，但经过再三思忖，还是决定留下来。

不久后，徐志摩就去周边大学接任了教职，有了经济来源，生活才有转圜的余地。他在光华大学英文系开设了《英国文学史》、《英文诗》、《英美散文》等课程，学生都很喜欢他的课。作为学生的赵家璧曾如是回忆：

> 见到这位和蔼可亲的年轻教授，白皙的脸，大阔嘴，长下巴，一个大鼻子上架了一副玳瑁眼镜，话说得那样娓娓动听，我一下子被他迷住了……他踏进课堂，总是把隐藏在他长袍袖底的烟蒂偷偷地吸了最后一口，向门角一丢，就开始给我们谈开了。他有说，有笑，有表情，有动作；时而用带浙江音的普通话，时而用流利的英语……他的教学法不同一般，他教英国散文、诗、小说都没有指定的课本，也不是按部就班地教，而是选他自己最欣赏的具有代表性的作品念给我们听，一边讲课文，一边就海阔天空地发挥他自己的思想，我们这批青年就好像跟了他去遨游天上人间，从而启发我们闯入文学艺术的广阔园地。他用他诗人的气质，企图启迪我们性灵的爆发。

他还经常带领学生去古墓旁边聆听自然，头顶鸟鸣如雨，身边山风如诉，溪流潺潺，如至梦境。在空旷的天地间，他们大声朗读诗歌，仿佛灵魂也能忘掉烦忧，在身体外自由翱翔。

1927年元旦前夕，徐志摩在日记中许下了新年愿望："愿新的希望，跟着新的年产生，愿旧的烦闷跟着旧的年死去……新月决定办。"

1927年初，徐志摩找胡适、余上沅等朋友商议，看用招股集资的方法，是否可以开一个书店，大股一百元，小股五十元。几位朋友一拍即合，经过几个月的酝酿与各方各面的奔走，是年7月1日，新月书店终于开张了。

书店设在华龙路法国公园附近麦赛而蒂罗路一五九号。大家推荐胡适为董事长，余上沅为经理，徐志摩依然是灵魂人物。店面不大，布置却很是雅致，且一面印书，一面代售，生意也颇为兴隆。而新月书店发行的第一批书中，就有徐志摩的诗集《翡冷翠的一夜》和散文集《巴黎的鳞爪》。之后，新月书店又出版了大量优秀的文学作品，这在中国的文学史与出版史上，都具有极珍贵的价值。

两千元股本创办的书店能有这样的成绩，是很值得欣慰的。而且，新月社成员再次有了凝聚的地点与核心。梁实秋后来回忆说，“我们这一群人，并无严密的组织，亦无任何野心，只是一时际会，大家都多少有自由主义的倾向，不期然而然的聚集在一起而已”。

当然，聚集并不是普通的聚餐和聊天。他们每次相聚都会选定一个话题，然后分派文友们从经济、政治、社会、文化、道德各方面来讨论。他们在思想的碰撞中挥洒着激情，灵感四溅。如此过了一段，便有人提议，不如将这些讨论的文字记录下来，再印成刊物销售，岂不是更好？如此，几个月后，《新月》月刊应运而生。

创刊号上，徐志摩写了发刊辞《“新月”的态度》，代表新月同仁们表明了信心与志愿：“生命从它的核心里供给我们信仰，供给我们忍耐与勇敢。为此我们方能在黑暗中不害怕，在失败中不颓丧，在痛苦中不绝望。生命是一切理想的根源，它那无限而有规律的创造性使我们在心灵的活动上一个强大的灵感。要从恶浊的底里解放圣洁的泉源，要从时代的破烂里规复人生的尊严。凭借集合的力量，为这个时代的思想增加一些体魄；凭借文学的力量，为这个时代的生命添厚一些光辉。”

文学是心灵的革命，同样需要投入热血。《新月》发刊后，便在当时的社会形成了一股新生力量。不过，在编辑方式上，徐志摩与胡适、罗隆基等人的观点还是存在着很大的分歧。徐志摩把所有的热心都投入到文艺创作与翻译中去，主张不多谈政治，不愿意将月刊办成一个纸上的政治战场。这样的热情愈是高涨，内部的矛盾就愈是明显。其实，也正因为“大家都多少有自由主义的倾向”，才导致了各种自主的分歧，与观念上的差异。

“新月一伙人，除了共同愿意办一个刊物之外，并没有多少相同的地方，相反的，各有各的思想路数，各有各的研究范围，各有各的生活方式，各有各的职业技能。彼此不需标榜，更没有依赖，办刊物不为谋利，更没有别的用心，只是一时兴之所至。”按梁实秋的回忆推断，《新月》的最终分歧，似乎是一种无关谋利的必然。

后来，便渐渐有人退出。虽然徐志摩尽力支持，亦不能从根本上扭转危机。到了1929年7月，他也只能黯然辞职，除却偶送书稿，不再过问编辑事务。

“新月，它那纤弱的一弯分明暗示着它怀抱着未来的圆满。”战乱曾让北京文化界的朋友在上海相聚，也曾让徐志摩有关文学事业的梦想再次复苏。然而，“新月”并未“必圆”，他的抱负也未就此圆满。从最初的新月社，到中间的新月书店，再到后来的《新月》月刊，他都投入过大量的情感与精力。好在还有文字，可以见证他诸般磨难的人生。

裂隙

问谁？呵，这光阴的播弄
问谁去声诉，
在这冻沉沉的深夜，凄风
吹拂她的新墓？

“看守，你须用心的看守，
这活泼的流溪，
莫错过，在这清波里优游，
青脐与红鳍！”

那无声的私语在我的耳边
似曾幽幽的吹嘘，——
像秋雾里的远山，半化烟，
在晓风前卷舒。
……

正愿天光更不从东方
按时的泛滥：
我便永远依偎着这墓旁——
在沉寂里消幻——

……

不久，这严冬过去，东风
又来催促青条：
便妆缀这冷落的墓宫，
亦不无花草飘摇。

但为你，我爱，如今永远封禁
在这无情的地下——
我更不盼天光，更无有春信：
我的是无边的黑夜！
——《问谁》

漫长的冬季，夜色无边，痴守着冷与黑的人，就像一个孤独的渔翁，紧揽生命的绳网，聆听时间流逝，渴望晨曦吐蕊，林鸟苏醒，鱼尾掀开水纹。而季节与命运又是如此相似，我们站在岁时与光阴之中，往事清晰得纤毫毕露，现实又卑微得宛若尘埃。可我们依然怨不得命运无常，那些美妙的期望，不过是自己亲手打造的如花幻景，春信不至，杜鹃不来。心中纵有再多深厚婉转，亦飘摇得不可轻易叙述。

搬至上海后，徐志摩每天都在为生计与事业奔波，而陆小曼却轻松地融入了社交界。她是天生的名媛，是交际花，“南唐北陆”，一到上海，她就如鱼得水，活得自由又欢乐。

初到上海时，他们还住在环龙路的花园别墅，但不久后，便搬到了福熙路四明村的高档洋房，陆小曼父母也来同住。陆小曼有贴身丫头，出门有小轿车，家里有老仆、厨师、司机，每逢过节，便包订剧院、光顾赌场、宴会摆酒，排场极大。

陆小曼性情慵懒，每天都要睡到日上三竿，然后在洗澡间里待上个把小时，再慢悠悠地披着浴衣吃饭……她一天的生活，是从下午开始的。下午作画、写信、会客，晚上则是跳舞、打牌、听戏，经常是过了子夜，才拖着疲惫的身子归家。

陆小曼的挥霍与享受，徐志摩都看在眼里，可他爱她宠她，除了委婉相劝，也只能尽量容忍，尽量理解，尽量满足。

“论精神，我主张贵族主义；谈物质，我主张平民主义”，上海的婚姻生活，显然与徐志摩当初的期望大相径庭。但是他也知道，陆小曼之所以如此奢靡，一方面是因为她过惯了挥金如土的生活，另一方面，也是在与徐家二老赌气。老人不认可她，在经济上更是完全断绝来源，而且，还偏与张幼仪一同居住，让她没有颜面……这些，她也是介意的。为此，她还生了好几场病。他爱她，就必须让她快乐。哪怕他同时兼几份教职，要不停地写稿，翻译；哪怕他无奈之时向人低声借债。生活虽辛酸劳累，但只要能换回一句她眉开眼笑的“摩，你真好”，便也一瞬心甘了。

陆小曼热衷听戏、唱戏，还热衷捧戏子，一掷千金，毫不吝啬。不仅如此，她还喜欢认戏子做干女儿，想来是为了弥补不能生育的遗憾——当初为了能与徐志摩结合，她曾打掉了与前夫所怀的胎儿，而那次在小诊所做的手术，也让她永远失去了当母亲的机会，更是让她的身体一蹶不振。

不过，陆小曼倒是真的爱戏。她有一副好嗓子，春莺流转，不知有多少人，挤破了头，想一睹她的风采。有些阔太太为了募捐赈济而举办义演，必会亲自登门来请小曼压轴，而但凡小曼到场，都会人气爆满。

有一张小曼与唐瑛同台对戏的照片，眉间风情，婀娜颤袅，无限荣光。中央大戏院举行的上海妇女界慰劳剧艺大会上，她们联袂登台演出了昆剧《拾画》《叫画》，“惊春谁似我？客途中都不问其他。风吹绽蒲桃褐，雨淋殷杏子罗……”照片中的小曼观音面相，折扇轻摇，而唐瑛正走台步，姿容俊俏，起承转合间，一颦一笑一嗟一叹皆是戏，真可谓是前世今生的魂销骨挫。

为了让陆小曼高兴，徐志摩有时还会去凑个角色，给她临时配戏。1926年冬，江小鹣主办天马剧艺会，陆小曼在夏令匹克戏院出演《玉堂春·三堂会审》，其中陆小曼演苏三，翁瑞午演王景隆，江小鹣演蓝袍，徐志摩演的便是红袍。演出时，陆小曼与翁瑞午对戏较多，一唱一和，眉眼来去，极为默契，令人分不出戏里戏外。于是翌日便有无聊小报将两人搭戏之事写出，添油加醋，唯恐天下不乱。

翁瑞午，徐志摩早就认得，也知他是世家子弟，在上海开业行医，是有名的文人公子。翁瑞午擅长书画诗文，善戏曲，好收藏，且得丁凤山真传，有一手精绝的密传推拿手艺，相传在他面前摆一摞砖，他一掌击下，可教其中所预定之某块碎掉，而上下诸砖都保持完整。练就此功后，他在推拿时运用体内之气时，更有独到效果。

也正因翁瑞午的手艺，徐志摩才主动介绍他与陆小曼认识。陆小曼身体虚弱，经常病痛昏厥，徐志摩为她遍寻名医，也是疗效甚微。直至认识了翁瑞午，翁瑞午会推拿，每次治疗几个小时，近乎手到病除。一来二往，陆小曼便与翁瑞午结成了知己。陆小曼喜欢字画，翁瑞午便赠她字画；陆小曼喜欢戏曲，翁瑞午就与她痴研戏曲。他们一起游玩，一起谈心，相处得很是融洽。

徐志摩虽绅士，西式思想里认为女人婚后依然有权结交异性朋友，也明白陆小曼的病痛离不开翁瑞午，但治疗之时的肌肤相触，治疗之后的形影不离，终究还是让他心思苦楚。尤其面对越来越盛的流言，想起台下观众意味深长的嘲弄目光。他终于难抑心伤，忍不住在日记里写下了如是暗涩的句子：“我想在冬至节独自到一个偏僻的教堂里去听几支圣诞的和歌。但我却穿上了臃肿的袍服上舞台去串演不自在的‘腐’戏。我想在霜浓月澹的冬夜独自写几行从性灵暖处来的诗句，但我却跟着人们到涂蜡的跳舞厅去艳羡仕女们发金光的鞋袜。”

树上的叶子说：“这来又变样儿了，
你看，有的是抽心烂，有的是卷边焦！”
“可不是，”答话的是我自己的心：
它也在冷酷的西风里褪色，凋零。

这时候连翩的明星爬上了树尖；
“看这儿，”它们仿佛说：“有没有改变？”
“看这儿，”无形中又发动了一个声音，
“还不是一样鲜明？”——插话的是我的魂灵！
——《变与不变》

若事情的发展只限于此，那还不算是彻底残酷的噩梦。在那个严寒的冬天，愁苦与黑暗总是接踵而至。而最令徐志摩想不到的是，陆小曼又染上了鸦片瘾——一种美其名曰“阿芙蓉”的精神毒物，能让意志凋零，也能让人心甘情愿把灵魂交给魔鬼。

起先，陆小曼吸食鸦片只是为了镇痛。徐志摩不忍看她被病痛折磨得死去活来的样子，便只能应许翁瑞午的提议，让她吸食几口，将疼痛暂时舒缓，可慢慢地她就上了瘾。为生计奔波之余，徐志摩试图将小曼拉出泥潭，苦口婆心让她回到“美的理想”中去。他给她送曼殊斐儿的日记，希望她读后能有所振作和觉醒；他让她一起参与剧本《卞昆冈》的制作，希望能转移生活重心。但是到头来，都是徒劳。仿佛只有在那烟榻上，她才能得到飘然若仙的快乐。

其实小曼又何尝不知鸦片的危害性，她也曾亲口对朋友说：“吃鸦片烟不是好事，我也偶一为之而已。我是多愁善病的人，患有心脏病和严重的神经衰弱，一天总有小半天或大半天不舒服，不是这里痛，就是那里痒，有时竟会昏迷过去，不省人事。在北平时，曾经住过一年多医院，简直把医院作为我的家了。喝人参汤，没有用；吃补品，没有用。瑞午劝我吸几口鸦片烟，说来真神奇，吸上几口就精神抖擞，百病全消。”

自此以后，家里便多了一张烟榻，陆小曼也越发离不开翁瑞午。房间里的窗帘，白日里拉得沉沉的，一到晚上，就开始有了灯火迷离的古怪生气。陆小曼吸，翁瑞午就陪她吸。经常，两人都是同榻而卧，一人执一杆烟枪，隔着朦胧的烟灯，神仙一样地吞云吐雾，旁若无人。

从前徐志摩忙的时候，陆小曼还怨他没空陪他，自从吸食鸦片后，她倒是恨不得他天天不在家。没有了规劝与约束，她便可以自由自在。徐志摩也经常是苦痛不已。爱分明在，为何找不到可以印证的痕迹了？人分明在，为何那份恩爱再也回不来了？

更心酸的是，徐志摩在旁人面前，还要表现得豁达而开明，并以此挽回自己的颜面与陆小曼的名声。他说，这是治病，没什么嫌可避的；他也说，男女的情爱，既有分别，丈夫绝对不许禁止妻子交朋友。何况芙蓉软榻，看似接近，只能谈情，不能做爱。所以男女之间，最规矩最清白的是烟榻，最暧昧最嘈杂的是打牌。

对于打牌，徐志摩也是强烈反对的，他甚至为此与陆小曼吵架。他认为打牌是一种堕落，再多的性灵也会因此而消失殆尽。但陆小曼很不以为然，她就曾抱怨："志摩是浪漫主义诗人，他所憧憬的爱，是虚无缥缈的爱，最好永远处于可望而不可即的境地，一旦与心爱的女友所结婚，幻想泯灭了，热情也没有了，生活变得像白开水，淡而无味。志摩对我不但没有过去那么好，而且干预我的生活，叫我不要打牌，不要抽鸦片，管头管脚，我过不了这样拘束的生活。我是笼中的小鸟，我要飞，飞向郁郁苍苍的树林，自由自在。"

婚姻的可悲，是没有爱情，那爱情的可悲，是不是变成彼此的束缚呢？

"爱，在俭朴的生活中，是有真生命的，像一朵朝露浸着的小草花；在奢华的生活中，即使有爱，不够纯粹，不够自然，像是热屋子里烘出来的花，一半天就有衰萎的忧愁。”

他向往朴素，向往灵魂契合，一直希望能与爱人相守清幽之地，过山水眷侣的生活，寻求天地间的大浪漫。然而现实令他不得不随波逐流。但尽管如此，他心中向往“爱、自由、美”的理想也一直没有改变。

不过，两人婚后最大的一次争执，却不是因为鸦片，也不是因为打牌，而是因为一名叫俞珊的女学生。在北京时，俞珊就非常仰慕徐志摩这位英俊诗意的老师，如今徐志摩迁居上海，她又寻了过来。对此，陆小曼很是吃醋。她觉得，俞珊与丈夫的亲近，对作为妻子的她来说，是一种挑衅与羞辱，她不能视而不见，更不能姑息。

当时的《春申旧闻》有记此事：“有俞珊者，健美大胆，话剧修养很高，是余上沅的学生，她崇拜志摩也崇拜小曼，她为演《卡门》，常住徐家，向志摩请教。她又要学《玉堂春》，向瑞午请教。志摩是无所谓的，小曼却说她肉感，论俞珊却有一种诱人的力量。因此，小曼常和志摩吵。志摩说：‘你要我不接近俞珊很容易，但你也管着点俞珊呀！’小曼说：‘俞珊是只茶杯，茶杯没法儿拒绝人家不斟茶的。而你是牙刷，牙刷就只许一个人用，你听见过有和人共用的牙刷吗？’”

陆小曼的大肆吵闹，让徐志摩在外人面前极是尴尬。他对俞珊的热情，仅是一位老师对一位学生的回应，对俞珊的喜欢，也仅是出于对美好的本能认同。可在陆小曼眼里，徐志摩的不拒绝，就是最大的罪过，她能说服自己拥有一个异性知己，却不能容忍别的女子对丈夫的痴情。

> 女人心眼儿多，心眼儿小，男人听不惯她们的说话。
>
> 对不对像是分一个糖塔饼，永远分不净匀。
>
> ……
>
> 最容易化最难化的是一样东西——女人的心。
>
> 朋友走进你屋子东张西望时，他不是诚意来看你的。
>
> ……
>
> 过去的日子只当得一堆灰，烧透的灰，字迹都见不出一个。
>
> ……
>
> 昨夜大雪，瑞午家初次生火。
>
> 顷立窗间，看邻家园地雪意。转瞬间忆起贝加尔湖雄踞群峰。小瑞士岩稿梨梦湖上的少女和苏格兰的雾态。
>
> ——《爱眉小札·眉轩琐语》

越来越频繁的争吵，让徐志摩感觉到了前所未有的困倦。心太累了，便想寻个地方憩息。他更怕自己也变得堕落、闭塞，诗人的灵性与棱角，被现实与琐碎消磨殆尽。

他开始想念国外的空气，希望能出国放松一下身心。或许，还能像1925年那样，欧洲游学回来，苦痛过后便是欢喜的消息。那么这次，也不如暂时分开一段，让彼此都有足够的空间冷静一下，“康桥的柔波，是否依然清澈，河畔的柳枝，都翠绿了吗，翡冷翠的群山，是否准备好了花冠等我？”

旅程

阔的海空的天我不需要，
我也不想放一只巨大的纸鹞
上天去捉弄四面八方的风；
我只要一分钟
我只要一点光
我只要一条缝，——
像一个小孩爬伏
在一间暗屋的窗前
望着西天边不死的一条
缝，一点
光，一分
钟。

——《阔的海》

1928年6月16日，徐志摩以看望泰戈尔为由，乘坐加拿大轮船“皇后号”离开上海，实现了人生中的第三次远行，也是最后一次远行，但心境光阴皆非昨。这一次的旅程路线，与上次欧洲游学亦是不同的，他将先取道日本、美国，再横渡大西洋到达英伦与欧陆，然后穿越地中海到达印度，在印度与泰戈尔会面后，他再从南中国海回国，全程刚好绕地球一圈。

时值初夏。当客轮航行至海洋的腹地，温厚的海风一吹，他才真正感觉到季节里自由奔放的气息。劳累太久了。他在上海的那一段生活，仿佛已经定格在了寒冷的冬季。就连绵长深沉的一个睡眠，也是奢侈的一部分。自神户的途中，枕着海水和机轮的声响，在给陆小曼写罢信后，他终于沉沉地睡了一觉……

旅途的第一站是日本。就在不久前，国内还发生了“济南惨案”……一次日本军队对中国官民实施的暴行，举世公愤，惨绝人寰。站在日本的土地上，他不免心内五味杂陈。面对淳朴美丽的景致与百姓，血液中的痛恨，只能转换成风一样的忧伤，刺痛又低沉。

晨光里的内海风景极美，水是绿的，岛屿是青的，天是蓝的，最相映成趣的是那些小渔船，扬着色彩缤纷的渔帆，在轻波间浮游。神户的山里有雌雄泷瀑布，潺潺水声击打石壁，如同天籁。山中有扑鼻的清香，空气凉爽，非常微妙。待到暝色从林木的青翠里浓浓沁出，飞泉的声响便充满了薄暮的空山，氤氤氲氲，宛若一幅独特的写意山水画。

所见所闻所思所感，徐志摩把一切都写在信中，想与小曼一起分享。旅程中的他就像是一个初涉爱河的少年，对远方的恋人不断诉说着美丽的情话：“曼，你想我不？你身体见好不？你无时不在我切念中，你千万保重，处处加爱……”

离开日本后，轮船继续航行。终于空闲下来，徐志摩的精神与胃口都好了许多，脸色也渐渐有了原来的样子。平时深陷于上海的生活而不自知，但一旦跳出那个环境，才知道别处的明朗，也才能真正地看清自己。

我愈想愈觉得我俩有赶快wake up的必要。上海这种疏松生活实在是要不得，我非得把你身体先治好，然后再定出一个规模来，另辟一个世界，做些旁人做不到的事业，也叫爸娘吐气。

我到年纪了，再不能做大少爷，马虎过日，近来感受种种的烦恼，这都是生活不上正轨的缘故。曼，你果然爱我，你得想想我的一生，想想我俩共同的幸福；先求养好身体，再来做积极的事。一无事做是危险的，饱食暖衣无所用心，决不是好事。你这几个月身体如能见好，至少得赶紧认真学画和读些正书。要来就得认真，不能自哄自，我切实的希望你能听摩的话。你起居如何？早上何时起来？这第一要紧——生活革命的初步也。

——《爱眉小札·书信》

是年6月25日，自西雅图途中，徐志摩依然不忘在信中对陆小曼进行爱的鼓励。无论如何，她都是要与他相伴一生的人，即便她深陷泥淖，他也要想尽一切办法拉她出来。他是多么希望，她能像上次一样，被自己的炙热和深情打动。

取道美国时，徐志摩去往了纽约的哥伦比亚大学。年轻学子们的脸庞，还有他曾坐过的教室，曾住过的宿舍，曾阅读过的书籍，曾倚靠过的树木……看着熟悉又陌生的校园，他又一次陷入沉思。那里曾是他漂洋过海求学的起点，也是他求学历程中颇为重要的驿站，他那“东方汉密尔顿”的梦想曾在那里光荣地发芽，又在那里轰轰烈烈地陨灭。

在哥伦比亚大学逗留了几天后，徐志摩便乘“高贵号”客轮离开了美国。接下来的一站，是有着花园城市之称的维多利亚岛。

维多利亚岛风景秀美，是一个人口稀疏的贵族岛屿。徐志摩第一眼就被它深深吸引了。住家的房子很是好玩，各种颜色搭配，灵巧绚丽。岛上花木遍地，简直找不到一家无花草的人家。夏季的绣球花开得正热闹，还有红白的月季，长条的黄花，紫色的香草，连绵不断。空气本来就清，再加上天然的花香，真是妙不可言。街道也是干净极了，太阳光线里仿佛有香气。海滨是最好玩的地方，近望海里，群岛罗列，白鸟飞翔，已是一种极闲适的景致；远望更佳，夏令配克高峰积雪皑皑，在朝阳里灼灼发光……在那样的环境里，所有的尘俗之念，都在一时间内解化开了。

我独自在海边徘徊，
遥望着无边的霞彩，
我想起了我的爱，
不知她这时候何在？
我在这儿等待——
她为什么不来？
我独自在海边发痴——
沙滩里平添了无数的相思字。

假使她在这儿伴着我，
在这寂寥的海边散步？
海鸥声里，

听私语喁喁，

浅沙滩里，

印交错的脚踪，

我唱一曲海边的恋歌，

爱，你幽幽的低着嗓儿和！

……

夕阳已在沉沉的淡化，

这黄昏的美，

有谁能描画？

莽莽的天涯，

哪里是我的家，

哪里是我的家？

爱人呀，我这般的想着你，

你那里可也有丝毫的牵挂？

——《海边的梦》

在维多利亚岛，连旅馆也是一个精美的花园。繁花怒放，鸟鸣清幽，如得神之眷顾，草地更是不曾多见的可心。躺在旅馆的床上，夜幕湛蓝，一弯月色如眉，涂满不可磨灭的爱之记忆。夜鸟在云端放歌，落霞将残余的热力留给星光。远处的沙滩上，不时会传来喁喁私语，像情人的心跳。此情此境，不禁让徐志摩又开始思念泛滥。他想起在大洋彼岸的陆小曼，若能与她在这样的仙境乐园度过余生，将是一件多么美好的事情。

寻梦

轻轻的我走了，
正如我轻轻的来；
我轻轻的招手，
作别西天的云彩。

那河畔的金柳，
是夕阳中的新娘；
波光里的艳影，
在我的心头荡漾。

软泥上的青荇，
油油的在水底招摇；
在康河的柔波里，
我甘心做一条水草！

那榆荫下的一潭，
不是清泉，是天上虹，
揉碎在浮藻间，
沉淀着彩虹似的梦。

寻梦？撑一支长篙，
向青草更青处漫溯，
满载一船星辉，
在星辉斑斓里放歌。

但我不能放歌，
悄悄是别离的笙箫；
夏虫也为我沉默，
沉默是今晚的康桥！

悄悄的我走了，
正如我悄悄的来；
我挥一挥衣袖，
不带走一片云彩。
——《再别康桥》

1928年夏，时隔六年，徐志摩再次到达康桥。如果将六年的时光拉成丝，够不够织成一个彩虹似的梦？在梦里，金柳荡漾，青荇招摇，没有笙箫吹响离别；夏风旋唱，像久远山谷里的蝶翅轻轻扇动；风吹起白衣翻飞的岁月，鲜活而清美；漫溯的长篙，擦亮夜色。

“轻轻的我走了，正如我轻轻的来”，六年前，他曾许下约定——设如我星明有福，素愿竟酬，则来春花香时节，当复西航，重来此地，再捡起诗针诗线，绣我理想生命的鲜花，实现年来梦境缠绵的销魂足迹，散香柔韵节，增媚河上风流……

在康桥的怀抱里，他独自饮尽一个又一个黄昏。如今，除却河上的风景依旧，其余的一切，都在时间的流逝中改变了最初的模样。“相同的夜让相同的树林泛白，彼时，我们也不再相似如初。”时间这把刻刀，真是慈悲又残忍，可以让一个生涩的青年蜕变为成熟的男子，也可以把一个人的青春与激情打磨得棱角全消。

在英伦，徐志摩去拜访了罗素。罗素夫妇住在南部的康华尔，一个沿海的安静小村落，风光秀丽，是个隐逸的好地方。罗素沧桑睿智，亦不失天真，与年轻的妻子相守一隅，与可爱的稚子嬉戏玩耍，灵感来了就听着海浪创作，生活得清简有趣，又无比富足。

枕着漫天的星斗与海浪，在小楼的房间里，徐志摩与罗素彻夜长谈，犹如春风少年，彼此内心都觉得无比慰藉。不过，谈论起哲学时，罗素依旧是言语辛辣，仿佛宁谧的生活并不曾对他犀利的思想有过任何打磨。“闻名之如露入心，共语似醍醐灌顶”，徐志摩不禁感慨万千。

而接下来与狄更生的相见，又让徐志摩感恩不已。他本以为，在康桥能见到这位慈祥的老先生，可没想到的是，狄更生已去了法国。但是，擦肩而过的遗憾并不属于恒心相笃之人。后来徐志摩经过巴黎、杜伦、马赛，一路仍然不忘跟狄更生保持电报联系。果然，老先生亦满怀深情，不辞艰辛地一站一站追至马赛。

船离马赛港，海天寥廓，星月升没，让思念无处遁形。10月4日，自孟买途中，徐志摩给陆小曼写信，字里行间，满是关切与爱意：

这两星期除了看书（也看了十来本书）多半时候，就在上层甲板看天看海。我的眼望着极远的天边。我的心也飞去天的那一边。眉你不觉得吗，我每每凭栏远眺的时候，我的思绪总是紧绕在我爱的左右，有时想起你病态可怜，就不禁心酸滴泪。每晚的星月是我的良伴……乖眉，我想你极了，一离马赛，就觉得归心似箭，恨不能一脚就往回赶。

——《爱眉小札·书信》

几天后，徐志摩与泰戈尔在加尔各答会晤。他终于实现了自己的承诺——在有生之年，再见泰翁一面。徐志摩远渡重洋来访，让年迈的诗人感到无比欣慰。泰戈尔用最隆重的礼节款待了徐志摩，还邀请了一批印度的诗人，为他亲爱的“素思玛”举行了茶话欢迎会。

10月10日这一天，按照农历，是孔子的诞辰日，也是徐志摩与陆小曼的结婚纪念日。在这个独具意义的日子里，除了接受当地朋友的祝贺外，泰戈尔又特意为徐志摩安排了一场演讲，去国际大学为师生们讲述孔子与中国文化。

在泰戈尔身边，徐志摩就像得到了精神上的皈依，整个身心都为之升华。他给恩厚之写信，欢悦和满足溢于言表：“我和老诗人在一起感受的喜乐，只有你一个人能领会，他和平常一样，爱说幽默话，爱笑，而他讲故事的本领更非他人所能及。”

在印度期间，泰戈尔还带徐志摩去苏鲁参观了乡村建设的实验基地。该基地正是在恩厚之夫妇的资助下所办。当年泰翁访华时，徐志摩就曾与他们一起去太原寻求合作，虽然最后未能成功，但那种为社会造福、修建理想家园的精神，一直刺激着徐志摩。在农村设立学校、救火队、医疗队、蓄水池、合作社，加强畜牧业和手工艺，提倡全民文艺……这一系列计划，在他看来，无异于一幅向往已久的天堂愿景。

这一次参观，也让徐志摩萌生了继续实施农村复兴计划的念头。在英伦时，他在恩厚之的达延顿庄园做客，就得到了切身的感受，他将其称为“我所认识的通往人间乐园最快的捷径”，又是钦慕，又是兴奋。在仁厚的大自然面前，广义的爱心无疑是事业的最强推动力，如若能够坚持，就一定会取得超凡的成就。

于是徐志摩立即与恩厚之商量，希望能得到他的帮助和支持，在中国再次进行农村建设的实验。在信中，徐志摩写道：“从今以后，我能遥指英伦的达延顿和印度的山迪尼基顿，点明这两个在地球上面积虽小，但精神力量极大的地方，是伟大理想在进行不息，也是爱与光永远辉耀的所在。”

徐志摩回国后，恩厚之夫妇就立即寄来了活动经费，给予他最强劲有力的支持。然而，徐志摩虽与朋友在苏浙两地进行了多处考察，也选定了浙江为实验区，但中国政局实在太过动荡，资金与安全皆毫无保障，就连他结婚的新房，也被人强行霸占……在如此境况之下，这一计划便只能被迫中止，而经费又在不久后被家中挥霍一空。这件事，也渐渐沉积成了徐志摩的一块心病。

在印度停留了三个星期后，徐志摩与泰戈尔挥泪告别，于10月底启程返回中国，返回他那个在上海的家。除了离开与归于原处，他所能做的，就只有绵绵无尽的感念。就像做了一场梦，梦醒后才知道，对于美好，他终究是个过客。

第七章

不如归去

破碎

檐前的秋雨在说什么？
它说摔了她，忧郁什么？
我手拿起案上的镜框，
在地平上摔了一个丁当。

檐前的秋雨又在说什么？
“还有你心里那个留着做什么？”
蓦地里又听见一声清新——
这回摔破的是我自己的心！

——《丁当——清新》

徐志摩说，爱是建立在忍耐和牺牲上的。曾经，在他的生活中，爱是唯一的光束，可是如今，光照在黑暗里，黑暗却不接受光。他的爱无止息，却看不到意义。

1928年11月上旬，徐志摩到达上海，结束了这场别具意义的环球之旅。他本以为，这次漫长的出行，定会给他与陆小曼的关系带来一次新的转机。而当他满怀希望回到家中时，才知道自己的憧憬原只是一个美丽的幻觉，经不起现实的推敲，轻轻一推，就破碎一地。

陆小曼的惰性与低迷丝毫没有扭转，他的一番苦心皆付诸东流。她花钱如流水，不想写字，不想习画，成日流连于烟榻，对阿芙蓉的需求与缠绵已经变本加厉。她不仅身体病了，精神、性灵也都病了。

而且，他在旅程中写给她的那些信，也被她遗失了一大部分。五个月的时间，一百多封漂洋过海的信件，这样的频率绝不亚于热恋之时。他给她写沿途风物人情，想引起她的共鸣；给她写绵绵不绝的思念，想唤醒相恋时的记忆；给她写苦口婆心的劝言，想让她清醒。他就是想让她知道，他一直都在乎她，他的热情与爱，并不是时间与空间所能改变的，不管是婚前，还是婚后，不管是身边，还是远处。

一百多封，仅存七封，这样的遗失，只因不够珍惜。若是真正重视的东西，纵然是舍了命，也要去相守相护的，又哪里容得下一星半点儿的轻贱与忽略。后来，徐志摩追思这一段的回忆，依然心疼心酸不已：

> 你初沾上习的时候，我心里不知有几百个早晚，像有蟹在横爬，不提多么难受。但因你身体太坏，竟连话都不能说。我又是好面子，要做西式绅士的。所以至多只是短时间绷长着一个脸，一切都郁在心里。如果不是我身体茁壮，我一定早得神经衰弱。我决意去外国时是我最难受的表示。但那时万一希冀是你能明白我的苦衷，提起勇气做人。我那时寄回的一百封信，确是心血的结晶，也是漫游的成绩。但在我归时，依然是照旧未改；并且招惹了不少浮言。我亦未尝不私自难受，但实因爱你过深，不惜处处顺你从着你……
>
> ——《爱眉小札·书信》

一切都郁在心里：旧习，浮言；一切都因为深爱：难受，卑微。陆小曼与翁瑞午的关系越发暧昧，周遭浮言日甚。徐志摩虽坚信小曼不会在道德上对他有任何背叛，但她我行我素的态度依旧令他很是痛苦。不仅如此，他还要透支自己的身体拼命工作，来维持家中偌大的开销，不禁心力交瘁。

徐志摩想把万般苦楚皆压于心底，但在给友人们写信时，亦不免偶露心事，“光华东吴（大学）每日有课，一在极西，一在极东，设如奔波，隆冬奈何”，“然而上海生活，休矣休矣。几月来真如度死，一无生气，一无著述”，“小曼累病不健，今稍活络，则又允天马会为筹款演剧贩马记狮吼记。弦管节拍，又复喧嚣……”

活该你早不来！
热情已变死灰。

提什么已往？——
骷髅的磷光！
……

爱是痴，恨也是傻；
谁点得清恒河的沙？

不论你梦有多么圆，
周围是黑暗没有边。

比是消散了的诗意，

趁早掩埋你的旧忆。

……

——《活该》

徐志摩感觉生活就是一条黑暗的甬道，蛇一样的蜿蜒冰凉，阴冷的风像阴冷的毒液，不断侵入他的肌理与经络，无法解脱。他拖着疲惫的身子，摸索着黏潮的冷壁，头顶不见一线的天光，连魂魄也被压迫。他陷入其中，没有尽头，亦没有退路。他请求神灵，赐予自己爱的力量，却不知道自己还能不能抵抗。

可是活该？他想起《齐德拉》中的女主人公，为了获得爱情，祈求神灵赐予她美貌与温柔，神灵被她感动后，便真的满足了她的愿望，但美貌是有期限的，只有短短的一年。一年之后，所有的恩赐都要被收回。

徐志摩也曾像齐德拉公主那样，日夜虔诚地请求神灵，让他与小曼的苦恋早日修成正果。他也终于得偿所愿。大约被神灵眷顾的人都是无畏的，所以婚前他才敢那样的大胆假设："即使眉，你有一天（恕我这不可能的设想）心换了样，停止了爱我，那时我的心就像莲蓬似的栽满了窟窿，我所有的热血都从这些窟窿里流走——即使有那样悲惨的一天，我想我还是不敢怨的，因为你我的心曾是一度灵通，那是不可灭的。"那么，现在是神灵要收回属于他的那份幸福与灵气了吗？

是年冬，梁启超病重。徐志摩得到消息后，连忙前往北京探望。在协和医院，徐志摩见到了容颜枯瘦的恩师，他已经病成了一把瘦骨，面色焦黑，完全脱了形，只余双目尚有昔日神采。想来是为国之事业绞枯了脑汁，熬干了心血。两年前的婚宴上，先生的证婚词尚历历在耳，如今躺在病床上的孱弱老者，一声轻微的咳嗽，便让回忆盛满隔世的沧桑。徐志摩多希望，先生能重新康复，让他能再受恩泽，抑或是严苛的斥责。然而，疾病如时间一样残忍，健康亦如幸福一样覆水难收。徐志摩不后悔，只是觉得忧伤。隔着窗子，他像孩子一般流下泪来，一时悲恸难抑。

徐志摩也再次见到了林徽因。1928年3月，二十岁的林徽因与梁思成在加拿大温哥华的姐姐家中注册结婚。此时，她的身份是梁启超的儿媳、梁思成的妻子、东北大学建筑系的教授。她已从初见时的那个青涩静好的少女，蜕变成了风韵曼妙的明朗女子。徐志摩痴痴望着眼前人，依稀还是旧时眉眼，却分明远隔了一段天涯。

徐志摩唤她“林大小姐”，小心翼翼地维护着彼此的距离。他给陆小曼写信汇报北京的情况，提及林徽因亦满是避嫌之意：“梁先生病已沉重，而左右无人做主，大为一班老辈朋友所责备。彼亦面黄肌瘦，看看可怜。林大小姐则不然，风度无改，涡媚犹圆，谈锋尤健，兴致亦豪；且亦能吸烟卷喝啤酒矣！”

而陆小曼怎能不知，他对林徽因依旧念情。1925年，林长民因卷入政治纷争而意外遇袭身亡。彼时，他给林长民写哀悼之文《哀双栝老人》，悲伤惊诧之余，字字句句皆是顾念林徽因，关爱之心，溢于言表：

最可怜是远在海外的徽徽，她，你曾经对我说，是你唯一的知己；你，她也曾对我说，是她唯一的知己。你们这父女不是寻常的父女。“做一个有天才的女儿的父亲，”你曾说，“不是容易享的福，你得放低你天伦的辈分先求做到友谊的了解。”

徽，不用说，一生崇拜的就只你，她一生理想的计划中，哪件事离了聪明不让她自己的老父？但如今，说也可怜，一切都成了梦幻，隔着这万里途程，她那弱小的心灵如何载得起这奇重的哀惨！这终天的缺陷，叫她问谁补去？佑着她吧，你不昧的阴灵，宗孟先生，给她健康，给她幸福，尤其给她艺术的灵术——同时提携她的弟妹，共同增荣雪池双社的清名！

——《哀双栝老人》

“万种风情无地着，辽原白雪葬华颠。”可叹此风华诗句，竟成冥冥谶语。几多往事伤逝飘零，几多心念卷土重来。“给她健康，给她幸福，尤其给她艺术的灵术”，如此，一切的哀伤与怀念，皆有了归处。

的确，对于林徽因，徐志摩可以不把她当成爱人，却不能不将她视为知音。无论时间如何变迁，他都始终怜她、护她，就像保护着心尖上最纯洁的那一抹清澈月光。

可是，徐志摩愈是描绘得云淡风轻，陆小曼就愈是听得满心阴霾，电光石火。高傲如陆小曼，她亦会因林徽因而如临大敌。所以，日后她才对徐志摩发脾气，在北京，谁都可以见，唯独不能见林徽因。

迷梦

杜鹃，多情的鸟，他终宵唱：
在夏荫深处，仰望着流云，
飞蛾似围绕亮月的明灯，
星光疏散如海滨的渔火，
甜美的夜在露湛里休憩，
他唱，他唱一声“割麦插禾”——
农夫们在天放晓时惊起。

多情的鹃鸟，他终宵声诉，
是怨，是慕，他心头满是爱，
满是苦，化成缠绵的新歌，
柔情在静夜的怀中颤动；
他唱，口滴着鲜血，斑斑的，
染红露盈盈的草尖，晨光
轻摇着园林的迷梦；他叫，
他叫，他叫一声：“我爱哥哥！”

——《杜鹃》

在上海，徐志摩几乎时刻都深陷于现实的痛苦之中，但是，他并没有就此沉沦。1929年，他继续任教于多所大学，并参加多次有关文化与国情的演讲；受中华书局之邀，编辑“新文艺丛书”；出版了十七本翻译集；筹备主持了南京政府教育部举办的第一次全国美术展览会……这都是极有意义的事情。美展会期间，他还与人合编了《美展》三日刊，从4月10日开展到5月10日结束，一共出了十一期。后来集结出版，亦是他题写的刊名——“第一次全国美术展览会美展汇刊”。

而令他始料未及的是，在他从孟买回来后的有生之年，竟还能与泰戈尔再见两面。虽短暂，却依然璀璨如夏花，为有限的时光保留一层温暖的余温。

第一次是1929年的3月。泰翁去日本、加拿大讲学前夕，专程到上海来见徐志摩。短短几天，只嫌日光苦短。徐志摩与泰戈尔每天都要谈话到深夜，就连小曼也称泰翁读诗的声音动人，简直比爱人的喁喁情话还好听。临别时，泰翁作了一张水墨自画像赠予徐志摩，还题了两句颇富哲理的小诗，“小山盼望变成一只小鸟，以摆脱它那沉默的重担”，“路上耽搁，樱花谢了，好景白白过去了，但你不要感到不快，（樱花）在这里出现”。

同年6月，泰翁在美国受到了社会的抵制。他情绪坏极了，又加之高龄与劳顿，便在途中染了重病。收到老诗人写来的信，徐志摩恨不得立即飞抵他的身边，抚慰他，照顾他。泰翁返程之时，徐志摩去码头接他。在路上，徐志摩遇见了多年不见的郁达夫，于是邀他一同前往。据郁达夫后来回忆，那一日在码头，徐志摩痴望着即将靠岸的轮船，脸色灰青，声音也特别低沉，幽幽地说道：“诗人老去，又遭了新时代的摈斥，他老人家的悲哀，正是孔子的悲哀。”徐志摩那种哀伤的神情，郁达夫说，他一辈子也忘不了。

……你们不能更多的责备……有一种天叫歌唱的鸟不到呕血不住口，它的歌里有它独自知道的别一个世界的愉快，也有它独自知道的悲哀与伤痛的鲜明；诗人也是一种痴鸟，他把他的柔软的心窝紧抵着蔷薇的花刺，口里不住地唱着星月的光辉与人类的希望，非到他的心血滴出来把白花染成大红他不住口。他的痛苦与快乐是浑成的一片……

——《猛虎集·序》

诗人是痴人，也是用生命祭奠理想的刺鸟。徐志摩是，泰戈尔亦是。刺鸟，又称荆棘鸟，它有杜鹃的多情，有夜莺的美，生为鸣唱，只为鸣唱。它从出生起就在寻找一种荆棘，找到后便会奋不顾身地将自己的身体扎入最尖锐的那根刺，然后放歌。愈挣扎，愈动听，直至曲终命竭。而它用剧痛与鲜血化作的美妙歌声，悦耳得令世人落泪，在感动的刹那，就像触及到了上帝的微笑。

1931年2月，在北京一帮朋友的再三劝说下，徐志摩终于下决心离开“病榻不振”的上海，只身一人前往北京，去重新寻找生命中的蔷薇花刺。

彼时，胡适在北大任教务长，由他介绍，徐志摩来到北京后，即往北大英文系任教，授课英国诗歌和翻译。在全系学生为他召开的欢迎会上，徐志摩激动地说道：“我现在又回到北大了。我在外面漂泊了几年，重新倒在母亲的怀抱里，觉得无限的沉着与甜蜜……”

与此同时，徐志摩还兼任了女师大的教授，可得月薪二百八十元，加上北大的三百元，收入还是相当可观的。承蒙胡适关照，徐志摩就住在他家二楼。胡适家在离市区较远的米粮库胡同，环境清净古朴，院子里还种有参天槐树，枝叶簌簌，尤是悠然可亲。胡太太早就给徐志摩收拾好了被褥，还细心地帮他补好了绵袍子，真是体贴温情至极。

早春的北京，有着碧蓝的天，清冷的风，站在简洁舒适的阁楼上，徐志摩呼吸着北京的空气，压下对陆小曼的牵挂，心里委实开阔了几分。

本来，带着陆小曼举家北上，换一个新环境，有一个新开始，才是他的初衷。上海太过阴靡，长此以往，只会越陷越深。眼下之策，离开，即是自救，且迫在眉睫。可陆小曼并不愿离开上海，她对北京，仿佛有本能的抵触。那个城市，带给她太多灰色的记忆，如果可以，她不愿与其再有任何沾染。在上海，她是何等风光的名媛，即便什么都不是，她还是徐太太，而不是在北京那个被人戳断了脊梁骨的曾经的王夫人。更何况，此处有恋她慕她的翁瑞午，彼地却有一个足以令天下女人嫉妒的林徽因。

> ……一天徽音陪人到协和去，被她自己的大夫看见了，他一见就拉她进去检验，诊断的结果是病已深到危险地步，目前只有停止一切劳动，到山上去静养……你要是见了徽音，眉眉，你一定吃吓。她简直连脸上的骨头都看出来了；同时脾气更来得暴躁。思成也是可怜，主意东也不是，西也不是。凡是知道的朋友，不说我，没有不替他们发愁的；真有些惨，又是爱莫能助，这岂不是人生到此

天道宁论？……

——《爱眉小札·书信》

徐志摩来到北京后，因为林徽因在香山养病，前去探望便成了情理之中的事。春天的香山静极了，小溪流在远处淌出了声音。耳语似的钟声拂动第一叶新绿，山河便柔软得失去了年岁。诗歌与文学的谈论，总是容易令人恍惚，好似时光一流转，他们又回到了初相遇，是那样的默契与轻盈。

什么时候再能有
那一片静；
溶溶在春风中立着，
面对着山，面对着小河流？

什么时候还能那样
满掬着希望；
披拂新绿，耳语似的诗思，
登上城楼，更听那一声钟响？

什么时候，又什么时候，心
才真正懂得
这时间的距离；山河的年岁；
昨天的静，钟声
昨天的人
怎样又在今天里划下一道影！
——林徽因《无题》

其实，对旧人的眷念，只是对往昔的沉迷。旧时光总是让人无限思慕，谁又肯轻易遗失那道光亮。但是，有些记忆，只能用来明确自己的位置。徐志摩是这样，林徽因亦如是。

只是没想到，这样一来二往竟招惹了不少流言。有说徐志摩北上是奔赴林徽因而来的，亦有说徐志摩与林徽因旧情复燃。令人苦恼的是，那些闲言闲语，已经钻进了陆小曼的耳朵。对此，陆小曼很是吃醋。她写信来奚落，免不了夹枪带棒，徐志摩也只有无奈地向她解释："至于梁家，我确是梦想不到有此一着；况且此处相见与上回不同，半也因为外有浮言，格外谨慎，相见不过三次……我不会伺候病，无此能干，也无此心思：你是知道的，何必再来说笑我。"

更令徐志摩伤脑筋的是，陆小曼的挥霍与堕落，并没有因为他的离开而有所收敛，她依然大手大脚地花钱、抽食阿芙蓉、出入高档歌厅与戏院，日子过得纸醉金迷。想当初朋友们劝他来京，说得最多的便是"应给小曼一点教训，让她尝一尝苦头"。可如今，陆小曼不仅没有尝到苦头，还越发地变本加厉。没有钱，便向徐志摩要，徐志摩若给得不及时，就向人借。而徐志摩又哪里忍心让她吃一点苦头。

"无此心思"，徐志摩说的是实话，他倒真的是劳碌之至。为了满足陆小曼的挥金如土，他不得不尽量地多兼课、多写稿，还要在教课之余担当房产中介来赚钱贴补家用。他再也不是从前那个风流倜傥的富家公子，婚姻的泥潭，让他成了一个处处为生活精打细算的苦涩劳工。尽管他想尽一切办法赚钱，却还是难以应付上海的开销。欠债越来越多，学校又经常拖欠薪水，痛苦窘迫之余，他不免焦急万分：

……钱的问题，我是焦急得睡不着。现在第一盼望节前发薪，但即节前有，寄到上海，定在节后。而二百六十元期转眼即到，家用开出支票，连两个月房钱也在三百元以上，节还不算。我不知如何弥补得来？借钱又无处开口。我这里也有些书钱、车钱、赏钱，少不了一百元。真的踌躇极了。本想有外快来帮助，不幸目前无一事成功，一切飘在云中，如何是好？钱是真可恶，来时不易，去时太易。我自阳历三月起，自用不算，路费等等不算，单就付银行及你的家用，已有二千零五十元……眉眉亲爱的，你想我在这情形下，张罗得苦不苦？同时你那里又似乎连五百都不够用似的，那叫我怎么办……

——《爱眉小札·书信》

一切飘在云中。理想，可望不可即；现实，被黑洞一般的生活所奴役。随风飘逐的身影，已不知该如何处置内心。

“我不知道风，是在哪一个方向吹，我是在梦中，在梦的悲哀里心碎。我不知道风，是在哪一个方向吹，我是在梦中，黯淡是梦里的光辉。”

仅是1931年的上半年，徐志摩就在上海、北京之间来回奔波了八次。除了探望陆小曼，给她送去每月的薪水外，主要还是想劝她离开上海到北京来。但无论徐志摩怎样劝说、哀求，陆小曼就是赌气不去。而在此期间最令徐志摩伤心的，也是最令陆小曼无法释怀的，莫过于母亲的去世。

悲哀

母亲，那还只是前天
我完全是你的，你唯一的儿；
你那时是我思想与关切的中心：
太阳在天上，你在我心里；
每回你病了，妈妈，如其医生们说病重，
我就忍不住背着你哭，
心想这世界的末日快来了；
那时我再没有更快活的时刻，除了
和你一床睡着，我亲爱的妈妈，
枕着你的臂膀，贴近你的胸膛，
跟着你和平的呼吸放心的睡熟，
正像是一个初离奶的小孩。
……

妈呀“我们俩”赤心的，联心的爱你，
真真的爱你，
像一对同胞的稚鸽在睡醒时
爱白天的清光。
——《给母亲》

有人说，为母亲写文，笔尖就自然会跪着行走。这样的话，真能让人涌出眼泪来，血脉之亲，是心底低沉的烈焰，是身体里最温柔的那阵风。

1931年4月上旬，徐志摩接到硖石电报，母亲病重，令他赶快回家。在母亲生命垂危之际，他守候在她身边，恋着她，恪守最后的孝道，内心有充沛的哀伤，亦有流离的孤苦。

当时正逢乡里神会，又是阳春天气，附近人家皆雇船来看，小镇顿时一派热闹非凡。放眼田中，是延绵的绿色，忽来千百张红白绸旗，蜿蜒进行，组成十丈长龙，衬着绿意与春光，迎风飘舞。高台楼阁之上，翠香寄柬、天女散花、三戏牡丹、吕布、貂蝉等彩绘装扮，也煞是好看。

徐志摩将见闻写信告诉陆小曼，又对她说，“可惜你行动不能自由，否则同来侍病，岂不是好？”希望总是美好的，尽管是在最哀伤的时候。“一同承担”四个字里蕴藏的深意，远比“一起分享”来得淳朴。而且，徐志摩也希望陆小曼与他母亲的关系能够得到改善，哪怕是最后微弱的缓和——“妈呀，‘我们俩’赤心的，联心的爱你，真真的爱你，像一对同胞的稚鸽在睡醒时，爱白天的清光”。这曾是他美好的心愿。

4月23日，徐母寿终正寝。在一场病痛的催促下，老人闭目而归，享年五十八岁。

母亲的离去，让徐志摩明白了什么叫心痛如捣。然而，更让他伤怀的是，徐母的去世，竟让陆小曼与徐家的关系雪上加霜。自从徐母病重后，徐父就再三催促张幼仪南下，让她回来陪伴老人最后的时光。但对陆小曼，徐申如始终心存芥蒂，一直不肯让她来硖石看望婆婆，并发出声明——“她一来我即走”，即便是在发丧之时，亦坚决不肯让她进徐家戴孝，尽儿媳事宜。于是，大殡之日，陆小曼，徐家的现任儿媳，却只能一个人住到硖石的旅馆里，黯然落泪。

分明是徐家的媳妇，却进不得徐家的门，这对于陆小曼来说，是何等的伤心与讽刺？平时徐家不承认她这个儿媳便也罢了，如今她真心想尽孝心，却被生生拦在了大堂外，众目睽睽之下，要她如何自处？

徐志摩心疼陆小曼，自然站在妻子这一边，对父亲的做法满是懊恼。然而碍于母丧，他又不便发作。私下里他替小曼争辩，与老人顶撞，却依然于事无补，反而，将矛盾扩张到了前所未有的激烈程度，加深了彼此的痛苦：

> ……我家欺你，即是欺我。这是事实，我不能护我的爱妻，且不能保护自己。我也懊懑得无话可说，再加不公道的来源，即是自己的父亲，我那晚顶撞了几句，他便到灵前去放声大哭……我虽懦顺，决不能就此罢休。但我却要你和我靠在一边，我们要争气，也得两人同心合力的来……自己保养身体，加倍用功。我们还有不少基本事情，得相互同心的商量，千万不可过于懊恼，以致成病……以前我何尝不是夹在父母与妻子中间做难人，但我总想拉拢，感情要紧。有时在父母面上你不很用心，我也有些难过。但这一次你的心肠和态度是十分真纯而且坦白，这错我完全派在父亲一边。只是说来说去，碍于母

丧，立时总不能发作。目前没有别的，只能再忍……我倒要看父亲这样偏袒，能有什么好结果？谁能得什么好处？人的倔强性往往造成不必要的悲惨……

——《爱眉小札·书信》

“人的倔强性往往造成不必要的悲惨”，难道残酷才是命运的真相吗？彼时，倔强如山的徐申如，他又何尝知晓，命运之神即将给他带来一场丧子之痛呢？他将一切的症结归结于徐志摩与陆小曼的相识，又怎知冥冥世事，皆是环环相扣，种种变相，亦有起源，其中的玄机与悲欢，谁又可以参度，谁又可以掌控？

母丧过后，徐志摩怀着沉重的心情返回北京，来不及喘上一口气，又要继续为生计奔波劳碌。陆小曼不理解他，在上海的花销依然毫无节制。她沉湎于十里洋场的灯红酒绿，堕落于烟榻的吞云吐雾，而徐志摩在北京百般节俭，最窘困的时候竟无一件像样的衣服可换洗……胡家的仆人亦怨他寒酸，连赏钱都讨不到几个。北京的朋友看不过眼，皆来相劝，必须要让陆小曼离开上海，再这样沉于享乐，只会毁了她，也毁了徐志摩。

北京的处境，本就让徐志摩忧心如焚，诗人的自尊可以不要，友人的情面可以不顾，然而，可气的是，陆小曼不仅不听他的劝，连信也是懒得回一次。或是要东西了，或是要钱了，非回不可了，才懒懒散散地写上一封。

另外，徐志摩每次念她不过，匆匆回家看她，她也没有了热烈的回应。“我就不懂何以做了夫妻，形迹反而得往疏里去！”但即便是有怨气，他也是温柔的、充满爱意的、小心翼翼的。只因他爱小曼，爱到这般卑微的地步。在她身上，他又怎忍心用任何一个尖锐的词。

你又犯老毛病了，不写信。现在北京上海间有飞机信，当天可到。我离家已一星期，你如何一字未来，你难道不知道我出门人无时不惦着家念着你吗？我这几日苦极了，忙是一件事，身体又不大好……你难道我走了一点也不想我？……

——《爱眉小札·书信》

昨天大群人出城去玩……归途上大家讨论夫妻。人人说到你，你不觉得耳根红热吗？他们都说我脾气太好了，害得你如此这般……这回我要正式请你陪我到北京来，至少过半个夏。但不知你肯不肯赏脸？……

——《爱眉小札·书信》

“人的倔强性往往造成不必要的悲惨”，这句话是不是也印证在陆小曼身上了呢？她给他回信，字字句句，尽是赌气，语气近乎冷酷无情：“既无钱回家何必拼命呢，飞机还是不坐为好。北京人多朋友多玩处多，当然爱住，上海房子小又乱地方又下流，人又不可取，还有何可留恋呢！来去请便吧，浊地本留不得雅士，夫复何言！”

陆小曼大概不知，徐志摩的状况，已经连火车票都买不起了，而飞机票，也是来自朋友免费的赠送。但是，爱情里没有对与不对，只有甘与不甘。陆小曼若不倔强，便也不是陆小曼。她当初可以背负一身骂名与徐志摩相恋，如今就可以不顾天下人的指责，继续过自己的生活。

荣光

在春风不再回来的那一年，
在枯枝不再青条的那一天，
那时间天空再没有光照，
只黑蒙蒙的妖氛弥漫着：
太阳，月亮，星光死去了的空间；

在一切标准推翻的那一天，
在一切价值重估的那时间，
暴露在最后审判的威灵中。
一切的虚伪与虚荣与虚空。
赤裸裸的灵魂们匍匐在主的跟前；——

我爱，那时间你我再不必张皇，
更不须声诉，辩冤，再不必隐藏，——
你我的心，像一朵雪白的并蒂莲，
在爱的青梗上秀挺，欢欣，鲜妍，——
在主的跟前，爱是唯一的荣光。

——《最后的那一天》

人生一场大梦，世事几度新凉。如果爱是生命中唯一的荣光，相爱的灵魂一遁入时间，便会幻化成雪白的并蒂莲渐次开放，无垢无染，不诉离殇。

1931年秋，面对日趋严峻的经济困境，徐志摩不得不再次回上海与陆小曼沟通，劝她改变现状，结果又是无功而返。其实这也是意料之中的事情，但或许他只是太想她，好不容易修来的夫妻，真不知命运是怎样的腾挪，竟要如此南北相隔，受尽相思之苦。

人说再苦再难，有家可归，还是幸福的。可什么叫“家”呢，有温暖、有爱、有牵挂的地方才叫家。有一盏灯，在黄昏时候会为你点亮；有一个人，会用她的温柔接纳你的疲惫。而这些，徐志摩再也无法感受到。

是年10月29日，即农历九月十九，陆小曼的生辰。“爱人，我要如何许以半生情长，匍匐在主的面前，佑你一生康吉，平安喜乐……”徐志摩在北京给陆小曼写信，也是《爱眉小札》里他写出的最后一封信。因为心有深情，境遇再艰险，他依然持有生之渴念。他对她诉说思念、关切，对她软语相劝，清点现状中的烟火日常，试图以深沉的恩爱，来抚平内心的暴乱。

至爱妻眉：

今天是九月十九日，你二十八年前出世的日子，我不在家中，不能与你对饮一杯蜜酒，为你庆祝安康。这几日秋风凄冷，秋月光明，更使游子思念家庭。又因为归思已动，更觉百无聊赖，独自惆怅。遥想闺中，当亦同此情景。今天洵美等来否？也许他们不知道，还是每天似的，只有瑞午一人陪着你吞吐烟霞。

眉爱，你知我是怎样的想念你！你信上什么“恐怕成病”的话，说得闪烁，使我不安。终究你这一月来身体有否见佳？如果我在家你不得休养，我出外你仍不得休养，那不是难了吗？前天和奚若谈起生活，为之相对生愁。但他与我同意，现在只有再试试，你同我来北平住一时，看是如何。你的身体当然宜北不宜南！

爱，你何以如此固执，忍心和我分离两地？上半年来去频频，又遭大故，倒还不觉得如何。这次可不同，如果我现在不回，到年假尚有两个多月。虽然光阴易逝，但我们恩爱夫妻，是否有此分离之必要？眉，你到哪天才肯听从我的主张？我一人在此，处处觉得不合式；你又不肯来，我又为责任所羁，这真是难死人也……我真是想你，想极了……

——《爱眉小札·书信》

在这次回上海之前，与以往不同的是，徐志摩几乎约见了京城所有的知心朋友：林徽因、凌叔华、冰心、刘半农、杨振声、熊西弗、郑振铎、许地山……如若生活已是一潭死水，那么友情便是清风赐予的微澜。

原来命运的暗示与心灵的指引，始终关系密切，我们身在其中，有缘消受，却无缘洞悉。而那场不知是告别的告别，亦像一朵花凋零前的最后摇曳，在光阴的更迭中，显得尤其珍贵。

徐志摩最先约见的，是刘半农。“一夕清谈成永诀，万山云雾葬诗魂”，在徐志摩出事后，刘半农曾写下如是挽联，用以纪念那永生难忘的“一夕清谈”。

再是熊西弗、叶公超等朋友。那一天，正是秋瑟阴霾天气，落叶席卷，西风劲吹，窗纸呼呼呜咽。屋内是熊熊的炉火，一壶清茶，朋友们互谈心曲，只叹往事如梦，时光飞逝。据熊西弗回忆，徐志摩当时表情显得很复杂，说想去前线杀敌，恨不得战死沙场。“马革裹尸当自誓，蛾眉伐性休重说”，徐志摩在言语中透露，什么样的生活经历他都有了，唯独没有经历战场生活，或许死在战场上，才是今日诗人最好的归宿。而在纸上登高望远，又怎会有在马蹄声中指画山河来得淋漓畅快？

又一个深秋之夜，在中山公园，徐志摩约见了当时北大的教授杨振声先生。没有月照，在几颗星子的点缀下，高朗的夜空显得越发清冷萧疏。参天的柏树在周围环抱如盖，池鱼在水中静默地跳跃，他们坐在水池边的长椅上，一搭一搭地说着话，烟卷微弱的火光在夜色中一明一灭，那种心情，仿佛能延伸到时间的尽头。杨振声后来把那个夜晚也记在了文字里：“谈到星星的幽隐，谈到池鱼的荒唐，谈到古城上楼阁的黑轮，谈到池子里掩映的灯影，谈到夏夜的温柔与不羁，谈到爱情的飘忽与曲折。最后，又谈到他个人的事情上去了，如紫藤的纠葛，如绿杨的牵惹，如野风的渺茫，如花雾的迷离。我窥见他灵感的波涛，多情的挣扎！”

接下来，徐志摩又去见了许地山：“地山，我就要回南了呢。”许地山问：“什么时候再回到北平来？”不知是出于玩笑，还是心有所感，徐志摩竟悠然地耸了耸肩膀说，“那倒说不上，也许永不再回来了。”

徐志摩还去见了凌叔华：“吾即御风南去”。一番谈话后，凌叔华拿出一个精致的小册子给徐志摩看，是两年前的一篇游记，彼时他们组织“快雪会”，一次在西山赏雪后，徐志摩乘兴写下激情文章，凌叔华细腻知心，便为他抄录了下来。而徐志摩读完册子上的文章后，表情变得十分复杂。凌叔华翻开一看，亦暗自惊心，原来她两年前曾在文章后面添了一笔戏言：“志摩先生千古……”

在最后一次离京的前一天，徐志摩去找了梁思成与林徽因。可他们夫妇不在，久候亦不归。怅然之余，徐志摩便留下了一张便条。林徽因回来后一看，“定明早六时起飞，此去存亡不卜……”她不禁心里一阵发慌，赶紧给徐志摩去了个电话，建议他不要乘坐飞机。可徐志摩笑着说：“放心，很稳当的，我还要留着生命看更伟大的事迹呢，哪能便死？”而对他来说，伟大的事迹——远一些，有中国必将胜利的抗日战争；近一些，就是林徽因即将举行的建筑讲座。

11月上旬，徐志摩终于坐上了南下的免费飞机。陆小曼在上海的排场已无法支撑，日益放纵膨胀的生活，最后的结果只能是一触即溃。于是她不断催促徐志摩南下，希望他回家后，可以一解燃眉之急。

但是一到上海，徐志摩就与陆小曼发生了争吵。在他又一次苦口婆心相劝她不要沉迷鸦片时，她竟大发脾气，随手把烟枪往对方的脸上掷去……徐志摩的眼镜掉在地上，镜片也摔碎了。终于，他不再说话，只是沉默地捡起眼镜，转身去了朋友家。

翌日回家，徐志摩又看到了陆小曼摆上桌上的信，一字一句，刻薄之至。读完信，他摔在地上的那颗心，好像又被狠狠地踩上了一脚，已不知痛，亦不知悲。徐志摩依然没有说话，留给陆小曼最后一个背影后，便提起箱子出了门。

徐志摩走后，陆小曼立刻就后悔了。她感到了从未有过的担忧和害怕，第二天中午就赶紧写了封长信寄往北京，向他认错：

> 前天晚上我亦不知怎样写的那封信，我真是没有口的人了，我心里为难我亦不管你受得受不得我，我糊里糊涂的写了那封信！我这才受悔呢！还来得及么？你骂我亦好，怨我亦该，我没有再说话的权了！我忍心么？我爱！你是不会怨我的亦决不骂我我知道的！可是我自己明白了自己的错比你骂我还难受呢！我现在已经拿回那信了，你饶我吧！忘记了那封被一时情感激出来的满无诚意的信吧！实在是因为我那天晚上叫娘哭得我心灰意懒的，仿佛我那时间犯了多大的罪似的，恨不能在上帝前洗了我的罪立刻死去。现在我再亦不信我会写那样的信给你了，就算是你疑我亦不怨你，不过摩呀我的心！你非信我爱你的诚心，你要我用笔形容出来，是十支笔都写不出来的。摩呀！你要是亦疑心我或是想我是个（Coquette），那我真是连死都没有清白的路了。摩呀！今天先生说些话使我心痛得厉害，咳！难道说我这几个朋友还疑心我还看不起么？可是我近来自己亦好怕我自己，我不如先的活了，有时我竟觉得我心冷得如灰一样，对于无论何事都没有希望，只想每天胡乱的过去，精乏力尽后倒床就睡。我前年的样子又慢慢的回来了，我自己的本性又渐渐地躲起来了，他人所见的我——不是我本来的我了。摩呀，我本来的我恐怕只有你一人能得到——享受或是永不再见人。前天下午你走的时候我心里乱极了，我要你——近我——近

了我——又怕娘见着骂——你走了我心如失，摩呀！

我心如失，我心如失。可是，陆小曼的觉醒来得太晚了，这封信，徐志摩是再也看不到了。命运是一座寂寞空城，所以，她便甘愿用后半生的痛苦与干涩，隔着生活千疮百孔的苍凉，一点点还这情深与悔意。

1931年11月19日上午，徐志摩搭乘中国航空公司的“济南号”邮政班机从南京北上。

“你听他们的翅膀在半空中沙沙的摇响，朵朵的春云跳过来拥着他们的肩背，望着最光明的来处翩翩的，冉冉的，轻烟似的化出了你的视域，像云雀似的只留下一泻光明的骤雨……”

飞机起飞，像一只展翅的大鹏，背负着苍天，御风而行。清秋的天穹极为干净，一朵一朵的云霞宛如水中莲花，绽放出脱离人世的温柔风光。徐志摩闭目而思，脚下繁重的烦忧，竟也虚无得仿佛是身外物。他想起童年东山的鸽哨，想起康桥的柔波，想起与陆小曼的相遇……软绵绵的记忆，像洁白的鸟翅滑过油润的春光。

是人没有不想飞的，老是在这地面上爬着够多厌烦，不说别的。飞出这圈子，飞出这圈子！到云端里去，到云端里去！哪个心里不成天千百遍的这么想？飞上天空去浮着，看地球这弹丸在大空里滚着，从陆地看到海，从海再看回陆地。凌空去看一个明白——这才是做人的趣味，做人的权威，做人的交代。这皮囊要是太重挪不动，就掷了它，可能的话，飞出这圈子，飞出这圈子！

同时天上那一点子黑的已经迫近在我的头顶，形成了一架鸟形的机器，忽的机沿一侧，一球光直往下注，砰的一声炸响，——炸碎了我在飞行中的幻想，青天里平添了几堆破碎的浮云。

——《想飞》

飞出这圈子，到云端里去。这一日，十二点三十五分，济南南郊，泰山北麓。飞机遇见了大雾，突然迷失了航向，撞上了白马山（开山）。“砰的一声炸响，青天里平添了几堆破碎的浮云”，他终于以一种浴火腾飞的姿势得偿所愿。白茫茫的大雾，形同万丈缟素，铺展在天地之间……

11月20日。北京《晨报》刊发了这样一则消息：

京平北上机肇祸

昨在济南坠落！

机身全焚，乘客司机均烧死。

天雨雾大误触开山

〔济南十九日专电〕十九日午后二时中国航空公司飞机由京飞平，飞行至济南城南卅里党家庄，因天雨雾大，误触开山山顶，当即坠落山下。本报记者亲往调查，见机身焚毁，仅余空架，乘客一人司机二人，全被烧死，血肉焦黑，莫可辨认，邮政被焚后，钞票灰仿佛可见，惨状不忍睹……

在起飞之前，徐志摩曾发电报给梁思成，让他与林徽因下午雇车到南苑接机。20日，北京有林徽因的一场演讲，她将在协和小礼堂为外国使节讲说中国的建筑艺术，意义非同寻常。徐志摩想亲自去见证她的成功，用掌声为心中的一个梦幻喝彩。

于是便有人说，是林徽因害了徐志摩。若不是因为要去参加她的演讲，他又怎会匆匆赶赴北京，乘坐一架本不宜载客的邮政飞机？当初他为她离婚，为她作别康桥，如今，他又为她的一场演讲，丢了性命。

自然也有人说，是陆小曼害了徐志摩。若不是她的堕落任性，他又怎会与她南北相隔，透支身体与情感劳苦奔波；若不是她的大肆挥霍，他又怎会窘迫得连一张火车票都买不起？

然而，与其说女人是他的劫，不如说，爱是他的劫。但“人间最是有情痴，此恨不关风与月”，徐志摩一生为情所困，穷其心血与生命，去追求理想中的真爱、自由、美，直至一点一点地掏空了自己，便只能化作白云，飞翔于透明的天际，乘风而去，他已乘风而去……如此，尘世中任何的辩解与苛责，皆失去了意义。

徐志摩出事两周后，林徽因终于从悲伤中回过神来，写下了情深意重的《悼志摩》：

一月十九日我们的好朋友，许多人都爱戴的新诗人，徐志摩突兀的，不可信的，残酷的，在飞机上遇险而死去。这消息在二十日的早上像一根针刺触到许多朋友的心上，顿使那一早的天墨一般地昏黑，哀恸的咽哽锁住每一个人的嗓子……

志摩我的朋友，死本来也不过是一个新的旅程，我们没有到过的，不免过分地怀疑，死不定就比这生苦，“我们不能轻易断定那一边没有阳光与人情的温慰”，但是我前边说过最难堪的是这永远的静寂。我们生在这没有宗教的时代，对这死实在太没有把握了。这以后许多思念你的日子，怕要全是昏暗的苦楚，不会有一点点光明，除非我也有你那美丽的诗意的信仰！

我个人的悲绪不竟又来扰乱我对他生前许多清晰的回忆，朋友的原谅……

这是什么人生？什么风涛？什么道路？志摩，你这最后的解脱未始不是幸福，不是聪明，我该当羡慕你才是。

“人间的季候永远不断在转变，春时你留下多处残红，翩然辞别，本不想回来时谁叹息秋天。”随后，林徽因又让梁思成去开山捡来一块飞机残骸，挂在床头，用最静默的方式凭吊曾经的爱情。从此，骄傲的她，屹然用一把叹息的往事清瘦度日，再也走不出回忆的美丽与哀愁。

张幼仪得知徐志摩飞机失事后，送来挽联：

万里快鹏飞，独憾翳云遂失路；
一朝惊鹤化，我怜弱息去招魂。

张幼仪隐忍，二十四个字，流露出刻骨的真情与寂寞。她把悲痛深埋在心底，坚毅地走着自己的路，用智慧与善良支撑起徐家的根脉。直到三十多年后，阿欢在美国成家立业，她才另嫁他人。

而这件事对陆小曼的打击无疑是最直接的。据陆小曼的表妹吴锦回忆，徐志摩出事的那天中午，悬挂在上海家中的镜框突然掉了下来。那里面镶的正是徐志摩的照片，也是陆小曼最爱的那张。陆小曼怕是不祥之兆，心跳得厉害，却没想到，第二天，就接到了噩耗，她当即昏厥。

醒来后，陆小曼号啕大哭，直到哭干了眼泪。王映霞这样描述她当时的模样："下午，我换上素色的旗袍，与达夫一起去看望小曼，小曼穿一身黑色的丧服，头上包了一方黑纱，十分疲劳，万分悲伤地半躺在长沙发上。见到我们，挥挥右手，就算是招呼了，我们也没有什么话好说，在这场合，说什么安慰的话都是徒劳的。沉默，一阵长时间的沉默。小曼蓬头散发，大概连脸都没有洗，似乎一下老了好几个年头。"

一个月后，陆小曼写下一字一血泪、一字一悔恨的《哭摩》：

……我知道我在尘世间的罪还未满，尚有许多的痛苦与罪孽还等着我去忍受呢。我现在唯一的希望是你倘能在个深沉的黑夜里，静静凄凄地放轻了脚步走到我的枕边给我些无声的私语让我在梦魂中知道你！我的大大是回家来探望你那忘不了你的爱来了，那时间，我决不张皇！你不要慌，没人会来惊扰我们的。多少你总得让我再见一见你那可爱的脸我才有勇气往下过这寂寞的岁月。你来罢，摩！我在等着你呢。

事到如今我一点也不怨，怨谁好？恨谁好？你我五年的相聚只是幻影，不怪你忍心去，只怪我无福留，我是太薄命了，十年来受尽千般的精神痛苦，万样的心灵摧残，直将我这颗心打得破碎得不可收拾，今天才真变了死灰的了，也再不会发出怎样的光彩了。好在人生的刺激与柔情我也曾尝味，我也曾容忍过了。现在又受到了人生最可怕的死别。不死也不免是朵憔萎的花瓣再见不着阳光晒也不见甘露漫了。从此我再不能知道世间有我的笑声了……

“多少前尘成噩梦，五载哀欢，匆匆永诀，天道复奚论，欲死未能因母老；万千别恨向谁言，一身愁病，渺渺离魂，人间应不久，遗文编就答君心。”

徐志摩走后，陆小曼是真的萎谢了。她背负着世人的指责与谩骂，为他整理文集出版，翁瑞午待她一直如初，她也没有力气再爱了。她从此深居简出，不出去应酬，不参加社交，一身素衣，守着岁月的荒寒，只做忧伤的未亡人。

有一张陆小曼老年时的照片，美人迟暮，让人心碎，也让人恍惚。照片中的她枯瘦得如同风干的莲蓬，孤寂入髓，只有那双眼睛，被诗人曾凝视过千百遍的那双瞳眸，仿佛还藏着当年水莲花的风华，低眉一瞬，倾国倾城……

附录 志摩诗选

偶然

我是天空里的一片云，
偶尔投影在你的波心——
你不必讶异，
更无须欢喜——
在转瞬间消灭了踪影。

你我相逢在黑夜的海上，
你有你的，我有我的，方向；
你记得也好，
最好你忘掉，
在这交会时互放的光亮！

小诗

月，我含羞地说，
请你登记我冷热交感的情泪，
在你专登泪债的哀情录里：

月，我哽咽着说，
请你查一查我年表的滴滴清泪，
是放新账还是清旧欠呢？

私语

秋雨在一流清冷的秋水池，
一棵憔悴的秋柳里，
一条怯怜的秋枝上，
一片将黄未黄的秋叶上，
听他亲亲切切喁喁唼唼，
私语三秋的情思情事，情语情节，
临了轻轻将他拂落在秋水秋波的秋晕里，
一涡半转，跟着秋流去。
这秋雨的私语，三秋的情思情事，情诗情节，
也掉落在秋水秋波的秋晕里，
一涡半转，跟着秋流去。

哀曼殊斐儿

我昨夜梦入幽谷，
听子规在百合丛中泣血，
我昨夜梦登高峰，
见一颗光明泪自天堕落。

古罗马的郊外有座墓园，
静偃着百年前客殇的诗骸；
百年后海岱士黑辇的车轮，
又喧响在芳丹卜罗的青林边。

说宇宙是无情的机械，
为甚明灯似的理想闪耀在前？
说造化是真善美之表现，
为甚五彩虹不常住天边？

我与你虽仅一度相见——
但那二十分不死的时间！
谁能信你那仙姿灵态，
竟已朝露似的永别人间？

非也！生命只是个实体的幻梦：
美丽的灵魂，永承上帝的爱宠；
三十年小住，只似昙花之偶现，
泪花里我想见你笑归仙宫。

你记否伦敦约言，曼殊斐儿！
今夏再见于琴妮湖之边；
琴妮湖永抱着白朗矶的雪影，
此日我怅望云天，泪下点点！

我当年初临生命的消息，
梦觉似的骤感恋爱之庄严；
生命的觉悟是爱之成年，
我今又因死而感生与恋之涯沿！

同情是攒不破的纯晶，
爱是实现生命之唯一途径；
死是座伟秘的洪炉，此中
凝炼万象所从来之神明。

我哀思焉能电花似的飞骋，
感动你在天日遥远的灵魂?
我洒泪向风中遥送，
问何时能勘破生死之门?

最后的那一天

在春风不再回来的那一年，
在枯枝不再青条的那一天，
那时间天空再没有光照，
只黑蒙蒙的妖氛弥漫着：
太阳，月亮，星光死去了的空间；

在一切标准推翻的那一天，
在一切价值重估的那时间：
暴露在最后审判的威灵中。
一切的虚伪与虚荣与虚空。
赤裸裸的灵魂们匍匐在主的跟前；——

我爱，那时间你我再不必张皇，
更不须声诉，辩冤，再不必隐藏，——
你我的心，像一朵雪白的并蒂莲，
在爱的青梗上秀挺，欢欣，鲜妍，——
在主的跟前，爱是唯一的荣光。

月下待杜鹃不来

看一回凝静的桥影，
数一数螺钿的波纹，
我倚暖了石栏的青苔，
青苔凉透了我的心坎；

月儿，你休学新娘羞，
把锦被掩盖你光艳首，
你昨宵也在此勾留，
可听她允许今夜来否？

听远村寺塔的钟声，
像梦里的轻涛吐复收，
省心海念潮的涨歇，
依稀漂泊踉跄的孤舟；

水粼粼，夜冥冥，思悠悠，
何处是我恋的多情友；
风飕飕，柳飘飘，榆钱斗斗，
令人长忆伤春的歌喉。

月下雷峰影片

我送你一个雷峰塔影，
满天稠密的黑云与白云；
我送你一个雷峰塔顶，
明月泻影在眠熟的波心。

深深的黑夜，依依的塔影，
团团的月彩，纤纤的波鳞——
假如你我荡一支无遮的小艇，
假如你我创一个完全的梦境！

我不知道风是在哪一个方向吹

我不知道风
是在哪一个方向吹——
我是在梦中，
在梦的轻波里依洄。

我不知道风
是在哪一个方向吹——
我是在梦中，
她的温存，我的迷醉。

我不知道风
是在哪一个方向吹——
我是在梦中，
甜美是梦里的光辉。

我不知道风
是在哪一个方向吹——
我是在梦中，
她的负心，我的伤悲。

我不知道风
是在哪一个方向吹——

我是在梦中，
在梦的悲哀里心碎！

我不知道风
是在哪一个方向吹——
我是在梦中，
黯淡是梦里的光辉。

东山小曲

一

早上——太阳在山坡上笑，
太阳在山坡上叫：——
看羊的，你来吧，
这里有粉嫩的草，鲜甜的料，
好把你的老山羊，小山羊，喂个滚饱；
小孩们你们也来吧，
这里有大树，有石洞，有蚱蜢，有小鸟，
快来捉一会盲藏，豁一个虎跳。

二

中上——太阳在山腰里笑，
太阳在山坳里叫：——
游山的你们来吧，
这里来望望天，望望田，消消遣，
忘记你的心事，丢掉你的烦恼；
叫花子们你们也来吧，
这里来偎火热的太阳，胜如一件棉袄，
还有香客的布施，岂不是妙，岂不是好？

三

晚上——太阳已经躲好，
太阳已经去了：——
野鬼们你们来吧，
黑巍巍的星光，照着冷清清的庙，
树林里有只猫头鹰，半天里有只九头鸟；
来吧，来吧，一齐来吧，
撞开你的顶头板，唱起你的追魂调，
那边来了个和尚，快去耍他一个灵魂出窍！

一星弱火

我独坐在半山的石上，
看前峰的白云蒸腾，
一只不知名的小雀，
嘲讽着我迷惘的神魂。

白云一饼饼的飞升，
化入了辽远的无垠；
但在我逼仄的心头，啊，
却凝敛着惨雾与愁云！

皎洁的晨光已经透露，
洗净了青屿似的前峰；
像墓墟间的磷光惨淡，
一星的微焰在我的胸中。

但这惨淡的弱火一星，
照射着残骸与余烬，

虽则是往迹的嘲讽，
却绵绵的长随时间进行！

恋爱到底是什么一回事

恋爱他到底是什么一回事？——
他来的时候我还不曾出世；
太阳为我照上了二十几个年头，
我只是个孩子，认不识半点愁；
忽然有一天——我又爱又恨那一天——
我心坎里痒齐齐的有些不连牵，
那是我这辈子第一次的上当，
有人说是受伤——你摸摸我的胸膛——
他来的时候我还不曾出世，
恋爱他到底是什么一回事？

这来我变了，一只没笼头的马，
跑遍了荒凉的人生的旷野；
又像那古时间献璞玉的楚人，
手指着心窝，说这里面有真有真，
你不信时一刀拉破我的心头肉，
看那血淋淋的一掬是玉不是玉；
血！那无情的宰割，我的灵魂！
是谁逼迫我发最后的疑问？
疑问！这回我自己幸喜我的梦醒，
上帝，我没有病，再不来对你呻吟！
我再不想成仙，蓬莱不是我的分；
我只要这地面，情愿安分的做人，——
从此再不问恋爱是什么一回事，

反正他来的时候我还不曾出世！

黄鹂

一掠颜色飞上了树，
“看，一只黄鹂！”有人说。
翘着尾尖，它不作声，
艳异照亮了浓密——
像是春光，火焰，像是热情，

等候它唱，我们静着望，
怕惊了它。但它一展翅，
冲破浓密，化一朵彩云；
它飞了，不见了，没了——
像是春光，火焰，像是热情。

难得

难得，夜这般清静，
难得，炉火这般的温，
更是难得，无言的相对，
一双寂寞的灵魂！

也不必筹营，也不必详论，
更没有虚骄、猜忌与嫌憎，
只静静的坐对着一炉火，
只静静的默数远巷的更。

喝一口白水，朋友，

滋润你的干裂的口唇；
你添上几块煤，朋友，
一炉的红焰感念你的殷勤。

在冰冷的冬夜，朋友，
人们方始珍重难得的炉薪；
在这冰冷的世界，
方始凝结了少数同情的心！

青年曲

泣与笑，恋与愿与恩怨，
难得的青年，倏忽的青年，
前面有座铁打的城垣，青年，
你进了城垣，永别了春光，
永别了青年，恋与愿与恩怨！

妙乐与酒与玫瑰，不久住人间，
青年，彩虹不常在天边，
梦里的颜色，不能永葆鲜妍，
你须珍重，青年，你有限的脉搏，
休教幻景似的消散了你的青年！

山中大雾看景

这一瞬息的展雾——
是山雾
是台幕
这一转瞬的沉闷，

是云蒸，
是人生？

那分明是山、水、田、庐，
又分明是悲、欢、喜、怒，
啊，这眼前刹那间开朗，
我仿佛感悟了造化的无常！

我有一个恋爱

我有一个恋爱，
我爱天上的明星，
我爱它们的晶莹：——
人间没有这异样的神明！

在冷峭的暮冬的黄昏，
在寂寞的灰色的清晨，
在海上，在风雨后的山顶：——
永远有一颗，万颗的明星！

山涧边小草花的知心，
高楼上小孩童的欢欣，
旅行人的灯亮与南针：——
万万里外闪烁的精灵！

我有一个破碎的魂灵，
像一堆破碎的水晶，
散布在荒野的枯草里：——
饱啜你一瞬瞬的殷勤。

人生的冰激与柔情，
我也曾尝味，我也曾容忍；
有时阶砌下蟋蟀的秋吟：——
引起我心伤，逼迫我泪零。

我袒露我的坦白的胸襟，
献爱与一天的明星；
任凭人生是幻是真，
地球存在或是消泯：——
太空中永远有不昧的明星！

珊瑚

你再不用想我说话，
我的心早沉在海水底下；
你再不用向我叫唤，
因为我——我再不能回答！

除非你——除非你也来在
这珊瑚骨环绕的又一世界；
等海风定时的一刻清静，
你我来交互你我的幽叹。

残春

昨天我瓶子里斜插着的桃花，
是朵朵媚笑在美人的腮边挂；
今儿它们全低了头，全变了相：——

红的白的尸体倒悬在青条上。

窗外的风雨报告残春的运命，
丧钟似的音响在黑夜里叮咛：
“你那生命的瓶子里的鲜花也
变了样；艳丽的尸体，谁给收殓？”

笑解烦恼结（送幼仪）

一
这烦恼结，是谁家扭得水尖儿难透？
这千缕万缕烦恼结是谁家忍心机织？
这结里多少泪痕血迹，应化沉碧！
忠孝节义——咳，忠孝节义谢你维系
四千年史髅不绝，
却不过把人道灵魂磨成粉屑，
黄海不潮，昆仑叹息，
四万万生灵，心死神灭，中原鬼泣！
咳，忠孝节义！

二
东方晓，到底明复出，
如今这盘糊涂账，
如何清结？

三
莫焦急，万事在人为，只消耐心
共解烦恼结。
虽严密，是结，总有丝缕可觅，

莫怨手指儿酸，眼珠儿倦，
可不是抬头已见，快努力！

四
如何！毕竟解散，烦恼难结，烦恼苦结。
来，如今放开容颜喜笑，握手相劳；
此去清风白日，自由道风景好。
听身后一片声欢，争道解散了结儿，
消除了烦恼！

雪花的快乐

假如我是一朵雪花，
翩翩的在半空里潇洒，
我一定认清我的方向——
飞飏，飞飏，飞飏，——
这地面上有我的方向。

不去那冷寞的幽谷，
不去那凄清的山麓，
也不上荒街去惆怅——
飞飏，飞飏，飞飏，——
你看，我有我的方向！

在半空里娟娟的飞舞，
认明了那清幽的住处，
等着她来花园里探望——
飞飏，飞飏，飞飏，——
啊，她身上有朱砂梅的清香！

那时我凭借我的身轻，
盈盈的，沾住了她的衣襟，
贴近她柔波似的心胸——
消溶，消溶，消溶——
溶入了她柔波似的心胸！

石虎胡同七号

我们的小园庭，有时荡漾着无限温柔；
善笑的藤娘，袒酥怀任团团的柿掌绸缪，
百尺的槐翁，在微风中俯身将棠姑抱搂，
黄狗在篱边，守候睡熟的珀儿，它的小友，
小雀儿新制求婚的艳曲，在媚唱无休——
我们的小园庭，有时荡漾着无限温柔。

我们的小园庭，有时淡描着依稀的梦景；
雨过的苍茫与满庭荫绿，织成无声幽冥，
小蛙独坐在残兰的胸前，听隔院蚓鸣，
一片化不尽的雨云，倦展在老槐树顶，
掠檐前作圆形的舞旋，是蝙蝠，还是蜻蜓？——
我们的小园庭，有时淡描着依稀的梦景。

我们的小园庭，有时轻喟着一声奈何；
奈何在暴雨时，雨槌下捣烂鲜红无数，
奈何在新秋时，未凋的青叶惆怅地辞树，
奈何在深夜里，月儿乘云艇归去，西墙已度，
远巷薤露的乐音，一阵阵被冷风吹过——
我们的小园庭，有时轻喟着一声奈何。

我们的小园庭，有时沉浸在快乐之中；
雨后的黄昏，满院只美荫，清香与凉风，
大量的蹇翁，巨樽在手，蹇足直指天空，
一斤，两斤，杯底喝尽，满怀酒欢，满面酒红，
连珠的笑响中，浮沉着神仙似的酒翁——
我们的小园庭，有时沉浸在快乐之中。

幻想

一

天空里幻出一带的长虹，
一条七彩双首乔背的神龙；
一头的龙喙与龙须与龙鬓，
淹没在埂奇河春泛之濑湍，
一头的龙爪，下踞在河北江南，
饮啜于长江大河，咽响如雷，
这彩色神明的巨怪，
满吸了东亚的大水，
昂首向坎坷的地面寻着，
吼一声，可怜，苦旱的人间！
遍野的饥农，在面天求怜，
求救渡的甘霖，满溢田田——
看呀，电闪里长鬣舞旋，
转惨酷为欢欣在俄顷之间！

二

天空里幻出长虹一带，
在碧玉的天空镶嵌，
一端挽住昆仑的山坳，

一端围绕在喜马拉雅之巉岩，
是谁何的匠心，制此巨采，
问伟男何在，问伟男何在？
披苍空普盖的青衫，
束此神异光明之带，
举步在浩宇里徘徊，
啊，踏翻，南北白头的高山，
霎时的雷花狂舞，雪花狂洒，
普化了东与西，洒遍了北与南，
丈夫！这纯澈无路的世界，
产生于一转之俄顷之间。

沪杭车中

匆匆匆！催催催！
一卷烟，一片山，几点云影，
一道水，一条桥，一支橹声，
一林松，一丛竹，红叶纷纷；

艳色的田野，艳色的秋景，
梦境似的分明，模糊，消隐，——
催催催！是车轮还是光阴？
催老了秋容，催老了人生！

沙扬娜拉·十八

最是那一低头的温柔，
像一朵水莲花不胜凉风的娇羞，
道一声珍重，道一声珍重，

那一声珍重里有蜜甜的忧愁——
沙扬娜拉！

她在那里

她不在这里，
她在那里：

她在白云的光明里：
在澹远的新月里；
她在怯露的谷莲里：
在莲心的露华里；

她在膜拜的童心里：
在天真的烂漫里；

她不在这里，
她在自然的至粹里！

这是一个懦怯的世界

这是一个懦怯的世界，
容不得恋爱，容不得恋爱！
披散你的满头发，
赤露你的一双脚；
跟着我来，我的恋爱，
抛弃这个世界
殉我们的恋爱！

我拉着你的手，
爱，你跟着我走；
听凭荆棘把我们的脚心刺透，
听凭冰雹劈破我们的头，
你跟着我走，
我拉着你的手，
逃出了牢笼，恢复我们的自由！

跟着我来，
我的恋爱！
人间已经掉落在我们的后背，——
看呀，这不是白茫茫的大海？
白茫茫的大海，
白茫茫的大海，
无边的自由，我与你与恋爱！

顺着我的指头看，
那天边一小星的蓝——
那是一座岛，岛上有青草，
鲜花，美丽的走兽与飞鸟；
快上这轻快的小艇，
去到那理想的天庭——
恋爱，欢欣，自由——辞别了人间，永远！

苏苏

苏苏是一个痴心的女子：
像一朵野蔷薇，她的丰姿；
像一朵野蔷薇，她的丰姿——

来一阵暴风雨，摧残了她的身世。

这荒草地里有她的墓碑：
淹没在蔓草里，她的伤悲；
淹没在蔓草里，她的伤悲——
啊，这荒土里化生了血染的蔷薇！

那蔷薇是痴心女的灵魂，
在清早上受清露的滋润，
到黄昏时有晚风来温存，
更有那长夜的慰安，看星斗纵横。

你说这应分是她的平安？
但运命又叫无情的手来攀，
攀，攀尽了青条上的灿烂。——
可怜呵，苏苏她又遭一度的摧残！

那一点神明的火焰

又是一个深夜，寂寞的深夜，在山中，
浓雾里不见月影，星光，就是我：
一个冥蒙的黑影，蹀躞的沉思，
沉思的蹀躞，在深夜，在山中，在雾里，
我想着世界，我的身世，懊怅，凄迷，
灭绝的希冀，又在我的心里惊悸，
摇曳，像雾里的草须；她在哪里？
啊！她；这深夜，这浓雾，淹没了
天外的星光与月彩，却遮不住
那一点的光明，永远的，永远的，像一星

宝石似的火花，在我灵魂的底里；我正愿，
我愿保持这不朽的灵光，直到那一天
时间要求我的尘埃，我的心停止了跳动，
在时间浩瀚的尘埃里，却还存着那一点——
那一点神明的火焰，跳动，光艳，
不变
不变！

我来扬子江边买一把莲蓬

我来扬子江边买一把莲蓬；
手剥一层层莲衣，
看江鸥在眼前飞，
忍含着一眼悲泪——
我想着你，我想着你，啊小龙！

我尝一尝莲瓤，回味曾经的温存：——
那阶前不卷的重帘，
掩护着同心的欢恋，
我又听着你的盟言，
“永远是你的，我的身体，我的灵魂。”

我尝一尝莲心，我的心比莲心苦；
我长夜里怔忡，
挣不开的噩梦，
谁知我的苦痛？
你害了我，爱，这日子叫我如何过？

但我不能责你负，我不忍猜你变，

我心肠只是一片柔：
你是我的！我依旧将你紧紧的抱搂——
除非是天翻——但谁能想象那一天？

客中

今晚天上有半轮的下弦月；
我想携着她的手，
往明月多处走——
一样是清光，我说，圆满或残缺。

园里有一树开剩的玉兰花；
她有的是爱花癖，
我爱看她的怜惜——
一样是芬芳，她说，满花与残花。

浓荫里有一只过时的夜莺；
她受了秋凉，
不如从前浏亮——
快死了，她说，但我不悔我的痴情！

但这莺，这一树花，这半轮月——
我独自沉吟，
对着我的身影——
她在那里，啊，为什么伤悲，凋谢，残缺？

再不迟疑

我不辞痛苦，因为我要认识你，上帝；

我甘心，甘心在火焰里存身，
到最后那时辰见我的真，
见我的真，我定了主意，上帝，再不迟疑！
……
我再不想成仙，蓬莱不是我的分；
我只要这地面，情愿安分的做人。

起造一座墙

你我千万不可亵渎那一个字，
别忘了在上帝跟前起的誓。
我不仅要你最柔软的柔情，
蕉衣似的永远裹着我的心；
我要你的爱有纯钢似的强，
在这流动的生里起造一座墙；
任凭秋风吹尽满园的黄叶，
任凭白蚁蛀烂千年的画壁；
就使有一天霹雳震翻了宇宙，——
也震不翻你我“爱墙”内的自由！

变与不变

树上的叶子说：“这来又变样儿了，
你看，有的是抽心烂，有的是卷边焦！”
“可不是，”答话的是我自己的心：
它也在冷酷的西风里褪色，凋零。

这时候连翩的明星爬上了树尖；
“看这儿，”它们仿佛说：“有没有改变？”

“看这儿，”无形中又发动了一个声音，
“还不是一样鲜明？”——插话的是我的魂灵！

阔的海

阔的海空的天我不需要，
我也不想放一只巨大的纸鹞
上天去捉弄四面八方的风；
我只要一分钟
我只要一点光
我只要一条缝，——
像一个小孩爬伏
在一间暗屋的窗前
望着西天边不死的一条
缝，一点
光，一分
钟。

海边的梦

我独自在海边徘徊，
遥望着无边的霞彩，
我想起了我的爱，
不知她这时候何在？
我在这儿等待——
她为什么不来？
我独自在海边发痴——
沙滩里平添了无数的相思字。

假使她在这儿伴着我，
在这寂寥的海边散步？
海鸥声里，
听私语喁喁，
浅沙滩里，
印交错的脚踪，
我唱一曲海边的恋歌，
爱，你幽幽的低着嗓儿和！

这海边还不是你我的家，
你看那边鲜血似的晚霞；
我们要寻死，
我们交抱着往波心里跳，
绝灭了这皮囊，
好叫你我的恋魂悠久的逍遥。
这时候的新来的双星挂上天堂，
放射着不磨灭的爱的光芒。

夕阳已在沉沉的淡化，
这黄昏的美，
有谁能描画？
莽莽的天涯，
哪里是我的家，
哪里是我的家？
爱人呀，我这般的想着你，
你那里可也有丝毫的牵挂？

丁当——清新

檐前的秋雨在说什么？
它说摔了她，忧郁什么？
我手拿起案上的镜框，
在地平上摔了一个丁当。

檐前的秋雨又在说什么？
“还有你心里那个留着做什么？”
蓦地里又听见一声清新——
这回摔破的是我自己的心！

半夜深巷琵琶

又被它从睡梦中惊醒，深夜里的琵琶！
是谁的悲思，
是谁的手指，
像一阵凄风，像一阵惨雨，像一阵落花，
在这夜深深时，
在这睡昏昏时，
挑动着紧促的弦索，乱弹着宫商角徵，
和着这深夜，荒街，
柳梢头有残月挂，
啊，半轮的残月，像是破碎的希望，他
头戴一顶开花帽，
身上带着铁链条，
在光阴的道上疯了似的跳，疯了似的笑，
完了，他说，吹糊你的灯，
她在坟墓的那一边等，

等你去亲吻，等你去亲吻，等你去亲吻！

杜鹃

杜鹃，多情的鸟，他终宵唱：
在夏荫深处，仰望着流云
飞蛾似围绕亮月的明灯，
星光疏散如海滨的渔火，
甜美的夜在露湛里休憩，
他唱，他唱一声“割麦插禾”——
农夫们在天放晓时惊起。

多情的鹃鸟，他终宵声诉，
是怨，是慕，他心头满是爱，
满是苦，化成缠绵的新歌，
柔情在静夜的怀中颤动；
他唱，口滴着鲜血，斑斑的，
染红露盈盈的草尖，晨光
轻摇着园林的迷梦；他叫，
他叫，他叫一声：“我爱哥哥！”

春的投生

昨晚上，
再前一晚也是的，
在雷雨的猖狂中，
春
投生入残冬的尸体。

不觉得脚下的松软，
耳鬓间的温驯吗？
树枝上浮着青，
潭里的水漾成无限的缠绵；
再有你我肢体上
胸膛间的异样的跳动；

桃花早已开上你的脸，
我在更敏锐的消受
你的媚，吞咽
你的连珠的笑；
你不觉得我的手臂
更迫切的要求你的腰身，
我的呼吸投射到你的身上
如同万千的飞萤投向光焰？

这些，还有别的许多说不尽的，
和着鸟雀们的热情的回荡，
都在手携手的赞美着
春的投生。

再别康桥

轻轻的我走了，
正如我轻轻的来；
我轻轻的招手，
作别西天的云彩。

那河畔的金柳，

是夕阳中的新娘；
波光里的艳影，
在我的心头荡漾。

软泥上的青荇，
油油的在水底招摇；
在康河的柔波里，
我甘心做一条水草！

那榆荫下的一潭，
不是清泉，是天上虹，
揉碎在浮藻间，
沉淀着彩虹似的梦。

寻梦？撑一支长篙，
向青草更青处漫溯，
满载一船星辉，
在星辉斑斓里放歌。

但我不能放歌，
悄悄是别离的笙箫；
夏虫也为我沉默，
沉默是今晚的康桥！

悄悄的我走了，
正如我悄悄的来；
我挥一挥衣袖，
不带走一片云彩。

图书在版编目（CIP）数据

爱你是心底开出的花：徐志摩传 /凌小汐著. —南京：江苏凤凰文艺出版社，2017.8

ISBN 978-7-5594-0108-3

Ⅰ.①爱… Ⅱ.①凌… Ⅲ. ①徐志摩（1896-1931）—传记 Ⅳ.①K825.6

中国版本图书馆CIP数据核字（2017）第067361号

书　　名	爱你是心底开出的花：徐志摩传
作　　者	凌小汐
出版统筹	黄小初　侯　开
选题策划	杨　琴　颜小欣
责任编辑	姚　丽
装帧设计	弘果文化传媒
责任监制	刘　巍　江伟明
出版发行	江苏凤凰文艺出版社
出版社地址	南京市中央路165号，邮编：210009
出版社网址	http://www.jswenyi.com
印　　刷	三河市航远印刷有限公司
开　　本	880×1230毫米　1/32
字　　数	170千字
印　　张	8.5
版　　次	2017年8月第1版，2017年11月第2次印刷
标准书号	ISBN 978-7-5594-0108-3
定　　价	36.80元

影视版权抢订热线　13911704013

江苏文艺版图书凡印刷、装订错误可随时向承印厂调换